현직 교사의 생생한 경험담 우리 아이 기초학습 골든 타임 교육서

누구도 소외되지 않는 모두를 위한 기초학습

에듀테크로

확! 잡는 기초학력

기초학력

교실 현장 밀착형
학생 맞춤 활용서

기초학력 진단평가 해결책! 에듀테크로 우리 반 우리아이 기초학력을 확! 잡아라

앤써북
ANSWERBOOK

누구도 소외되지 않는 **모두**를 위한 **기초학습**

에듀테크로
확! 잡는 기초학력

초판 1쇄 인쇄 | 2024년 3월 10일

지 은 이 | 김현숙, 함명규, 최소윤, 유수근
발 행 인 | 김병성
발 행 처 | 앤써북
편 집 진 행 | 조주연
주   소 | 경기도 파주시 탄현면 방촌로 548번지
전   화 | (070)8877-4177
팩   스 | (031)942-9852
등   록 | 제382-2012-0007호
도 서 문 의 | answerbook.co.kr

I S B N | 979-11-93059-21-0 13000

Preface
머리말

　지금 이 시대, 아이들과 가까이 있는 사람이라면 모두 한 번은 꼭 읽어야 하는 책입니다. 더불어 함께 살아가는 방법을 고민하는 교사나 학부모라면 도움이 되실 거라 믿습니다. 아이 한 명을 키우기 위해 온 마을이 필요하다면 이 책이 첫 출발이 되길 바랍니다.

김현숙

　영원히 사랑하는 우리 아이들에게 바칩니다. 아이들과 현장의 선생님들께 조금이나마 도움이 되는 책이길 바랍니다. 마지막으로 책이 나오기까지 함께하신 선생님들과 제작진에 감사를 드립니다.

함명규

　모든 아이를 위한 책으로 읽었으면 합니다. 책 내용에는 모든 아이에게 수업 중 세심한 배려로 활용될 수 있는 Tip으로 가득합니다. 또, 특수교육의 경계에 있는 아이를 중심으로 협력하는 사례를 담고 있어 현장에 있을 당사자에게 도움이 되기를 바랍니다.

최소윤

　이 책을 읽고 '오, 우리 반의 그 아이를 이 에듀테크로 지도해볼까?'라는 생각이 들면 좋겠습니다. 아픈 손가락 같은 학생들에 대한 마음의 짐을 에듀테크가 조금은 덜어드릴 수 있기를 바랍니다.

유수근

Reader Support Center
독자 지원 센터

[책 소스 자료 및 정오표]

이 책을 보는데 필요한 소스 파일과 보충 자료 및 정오표는 앤써북 공식 네이버 카페를 통해 다운로드 받을 수 있습니다.

앤써북 공식 카페 좌측 [카페 가입하기] 버튼(❶)을 눌러 가입합니다. 좌측 [도서별 독자 지원 센터]-[에듀테크로 확! 잡는 기초학력] 게시판(❷)을 누른 후 "에듀테크로 확! 잡는 기초학력 책 소스 및 정오표" 공지 게시글(5799번 게시글(❸))을 클릭한 후 안내에 따라 자료를 다운로드 받습니다.

▶ 앤써북 공식 카페 이 책 전용 게시판 https://cafe.naver.com/answerbook/5799

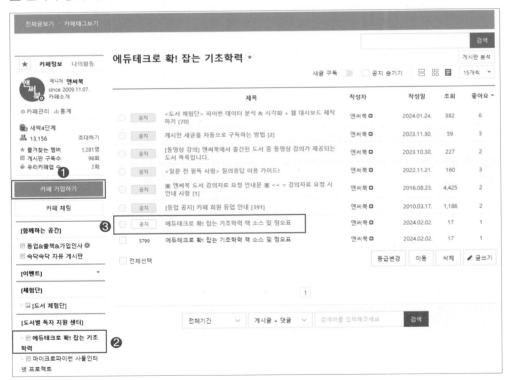

An official experience group

앤써북 공식 체험단

앤써북에서 출간되는 도서 및 도서 연관 상품을 체험해 볼 수 있습니다. 앤써북 공식 카페 공식 체험단 게시판 주소로 접속하거나 앤써북 공식 체험단 QR코드를 스캔하면 앤써북에서 출간된 도서는 물론 실습 도구 등 도서 연관 상품을 체험해 볼 수 있습니다.

▣ PC 접속 : 앤써북 카페 공식 체험단 게시판

   https://cafe.naver.com/answerbook/menu/150

▣ 모바일 접속 체험단 바로가기 QR코드

앤써북 공식 체험단은 수시로 모집하기 때문에 앤써북 카페 공식 체험단 게시판에 접속한 후 "즐겨찾기" 버튼(❶)을 눌러 [채널 구독하기] 버튼(❷)을 눌러 즐겨찾기 설정해 놓으면 새로운 체험단 모집 글을 메일로 자동 받아보실 수 있습니다.

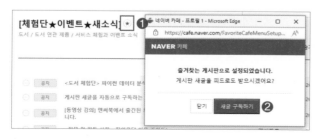

Contents
목 차

Contents
목 차

제3장
검사 도구를 이용한 해석과 실제 사례

Contents
목 차

제4장
특수교육의 경계에 있는 학생에 대한 이해와 지도

Contents
목 차

제5장
에듀테크를 활용한 학습지원대상 지도

Contents
목 차

제6장
에듀테크를 활용한 기초학습 지도

Contents
목 차

Prologue
기초학력과 에듀테크, 저자들의 대화

기초학력전문가 김현숙(이하 김)

안녕하세요? 기초학력과 에듀테크의 연관성에 관해 교육현장에 있는 구성원에게 친근하게 다가가기 위해 저희 각자가 전문가가 되어 이야기를 나누는 형식으로 진행해보고자 합니다.

에듀테크전문가 유수근(이하 유)

네, 전문가라고 이름 붙이니까 쑥스럽네요. 기초학력과 에듀테크를 연관 짓는다고 하니, 많은 선생님들께서 기초학습 지도만으로도 최선을 다하고 있는데 에듀테크까지 엮어 시작부터 무거운 마음으로 책을 펼친 분들이 많으실 것 같아요.

특수교육전문가 최소윤(이하 최)

에듀테크가 학교 현장에 아예 없었다가 생긴 것은 아니지만, 코로나19를 겪으며 에듀테크가 많이 도입되었어요. 코로나19 시기에 안전과 관련된 이슈와 더불어 학교에서는 에듀테크를 급하고 광범위하게 습득할 수 밖에 없었어요.

에듀테크전문가 함명규(이하 함)

에듀테크는 크게 보면 교육적 기술을 뜻했었는데요. 요즘 트렌드로는 교육과 컴퓨터를 비롯하여 사물 인터넷(IOT)을 중심으로 교육활동을 지원하는 모든 기술을 일컫습니다. 하이 테크놀로지를 습득하는 과정에서 학교 안에도 많은 세대가 어우러져 있기에 테크에 익숙한 세대와 익숙하지 않은 세대가 있었고, 테크를 습득해야하는 어려움과 동시에 테크를 활용한 수업을 진행해야 했어요. 컨텐츠 영상을 제작해서 수업하는 형태에서 교사와 실시간으로 소통하는 형태의 수업까지…

학교 현장 에듀테크의 도입

김 맞습니다. 선생님들이 현장에서 고생이 많으셨어요. 실시간으로 소통하는 형태의 테크도 웹 공간에 얼굴을 비춰 모여서 진행할 수 있는 형태가 있고, 공동작업의 형태로 결과물을 만들어가거나, 실시간으로 응답하는 테크 등 다양한 형태의 테크에 적응해야만 했죠.

최 그런데, 테크가 학교 현장에 깊숙이 들어오면서 새로운 것을 발견하게 되었어요. 현재 초등학교에 재학 중인 학생들은 디지털 네이티브잖아요. 테크 감각이라고 해야할까요? 장애가 있는 학생도 테크에 대한 감각이 있고, 가르쳐주지 않아도 감각적으로 테크를 이용하기도 해요. 그런 모습을 보면 테크를 활용한 수업이 미래 세대에게는 필요한 부분이 있는 것 같아요.

김 에듀테크의 발전은 시공간적 한계도 풀어주었죠. 면대면 교육이 아니어도 평생교육 측면에서 누구나 언제든 교육에 접근할 수 있는 기회가 생겼고, 우리 아이들이 평생학습자로서 학령기를 포함한 전 생애에 배움의 기쁨을 누릴 수 있게 되어 좋은 것 같습니다.

함 네, 이제는 교실에 에듀테크 활용을 위한 환경(인터넷 환경, 태블릿 PC 또는 크롬북 등)도 준비가 되었고 미래교육이 발전함에 따라 교육 현장이 이에 발 맞추어야 한다는 것은 필수 불가결하다고 할 수 있겠네요.

코로나19가 알려준 기초학력-에듀테크의 매력

최 네, 맞아요. 누구나, 언제든지 배움에 접근할 수 있는 기회가 생겼어요. 제가 지도하던 학생 중에 지적 기능의 어려움과 난독증을 동반한 학생이 있었는데, 선생님께서 주신 컨텐츠 영상을 함께 시청하던 중 이해가 가지 않는 부분을 여러번 돌려보는 모습을 보았습니다. 또한, 선생님께서 웹 기반 학습지(띵커벨 활용)를 주셨는데 학습지에 적절한 단어를 넣기 위해 휴대폰 음성입력을 활용하여 정답을 입력하는 모습을 보았습니다. 학습 속도를 개별적으로 조절할 수 있다는 점과 응답 시간에 제한이 없었던 점이 학생에게 큰 동기부여가 되었던 것 같아요.

김 맞아요. 학습내용이 어렵게 느껴지거나 학습의 속도가 느리고 천천히 접근해야하는 아이들에게는 개별적인 접근의 기회가 되었어요. 또한, 웹 또는 태블릿 기반의 학습이라는 자체가 아이들의 흥미를 유발하기에 좋았어요. 에듀테크 자체가 흥미를 유발해서 학습이 느린 아이들이나 학습에 동기가 부족한 아이들까지도 학습에 참여도를 이끌 수 있는 장점이 있었어요.

함 네, 학습에 어려움을 보이는 학생들이 테크에 접근하기 어려울까봐 걱정 했했는데 이것저것 눌러보면서 자기주도적으로 테크에 접근하는 모습이 인상 깊었습니다. 또 정착된 에듀테크를 엔데믹이 된 지금 교실에서 활용하기에도 좋습니다.

유 가정에서 영상형 컨텐츠로 교과 관련 지식을 개별 학습 속도에 맞게 습득하고, 학교에서 관련된 이야기를 나눔으로써 지식 습득에서 그치는 것이 아니라 습득된 지식과 연관된 의사소통 역량을 키워줄 수 있는 활동을 했던 것도 기억에 남습니다. 함명규 선생님 말씀처럼 에듀테크를 교실 현장 수업에서 효과적인 학습 도구로 활용할 수 있게 되어 이제는 에듀테크를 받아들이는 마음과 함께, 어떤 에듀테크가 수업에 활용도 있게 사용될 수 있고 신뢰성 있는지 비판적인 시각으로 바라볼 수 있는 교사의 역량도 필요해졌습니다.

에듀테크, 그리고 교사

함 선생님들의 이야기를 들어보면 '에듀테크' 이야기를 나누었지만 본질적으로 교사의 역할에는 변함이 없다는 생각이 듭니다.

김 에듀테크를 적재적소에 적당히 활용하는 것은 교사가 기획하는 것에 달려 있습니다. 에듀테크를 화려하게 활용만 하는 것이 아니라 edu를 위해 설계하는 것이지요. 유수근 선생님께서 에듀테크 기획에 대해 간단하게 설명해주실 수 있을까요?

유 네, 에듀테크를 적용한 수업을 계획하는 것에는 다음과 같은 방법이 있습니다.

과제 또는 학급 알림용으로 에듀테크 활용하기

3R's(읽기, 쓰기, 셈하기) 학습을 위해 1:1 수업에 에듀테크 활용하기

학기 초, 학기 말 학생의 학습, 정서와 관련된 웹기반 사전-사후 검사 실시하기

웹기반 진단을 활용하여 학생의 검사 결과를 누적 관리하기

웹기반 진단을 활용하여 현재 학습 수준 진단하기

수업 중 실시간 응답 방법(예: 카훗, 멘티미터)으로 에듀테크 활용하기

웹 시트(예: 구글 프리젠테이션)를 활용하여 공동 작업하기

웹 시트(예: 패들렛)를 활용하여 학습 결과물 전시하기

위의 방법을 블렌디드하여 한 차시 수업 또는 교과 관련 전체 차시 계획하기

김 생각보다 에듀테크의 범위가 넓네요?

최 과거에는 아이들 진단 활동을 할 때 수기로 기록된 진단지를 보며 학부모 상담을 할 수 있었어요. 요즘은 진단과 관련된 웹사이트에서 학생이 직접 검사하거나

교사가 점수를 입력하면 점수로 제시될 뿐만 아니라 학생 개인 결과 보고서로 출력되어 학생이 현재 또래들과 비교하여 어느 정도 학습 수준을 보이는지, 또래들은 어떤 경향성이 있는지 비교 분석해줍니다. 기준점과 절삭점, 도표 또는 그래프로 시각적인 효과도 있기에 객관성과 신뢰성을 줄 수 있으며 이 자료는 누적된 결과물로 변화된 모습 파악하기에도 용이합니다.

김 네, 저는 NEIS 기록에도 정서적 역량 검사 등의 진단결과보고서를 참고하기도 합니다. 1회에 그치는 것이 아니라 최소 학기별 1회씩 실시해서 학생의 변화된 모습을 기록하기에 용이합니다.

유 맞습니다. 에듀테크의 범위는 학생 학습 및 정서 역량 진단에서부터 학습 도구로 활용하거나 상담에 활용할 수 있는 방법까지, 단순 학습 도구에 지나치는 개념이 아닌 교육 전반에 걸쳐 있다고 보시면 되겠습니다. 그래서 이제 교육 현장은 에듀테크를 개발하기보다 이미 개발된 에듀테크를 교사의 어시스턴트 삼아 잘 활용해서 교사의 불필요한 에너지 소모를 줄이고 그 시간에 학생을 바라볼 수 있도록 하면 좋겠습니다.

에듀테크와 섬세한 접근이 필요한 아이들

김 교실에 선생님의 손길을 많이 필요로 하는 아이들 있지요? 그 친구들을 위해서는 섬세한 배려가 필요해요. 눈치 보지 않게, 마음에 멍들지 않게 수업 전에 교사의 배려가 필요합니다. 제 경험상 섬세한 접근이 필요한 아이들을 위해 배려한 활동들은 해당 학생을 포함한 모든 아이들의 수업 참여에도 도움을 줍니다.

최 네, 에듀테크를 접목한 수업도 모든 학생의 학습을 위한 보편적 학습설계 측면에서 바라볼 수 있다니 흥미롭네요. 보편적 학습설계는 다양한 표상의 제공, 다양한 표현 수단의 제공, 다양한 참여수단의 제공이라는 세 가지 측면에서 수업을 설계하는데요. 사례를 간략하게 알려주시면 책을 본격적으로 읽기 전에 많은 도움이 될 것 같습니다.

김 우선, 선생님께서 말씀하신 세 가지 측면 외에 환경적인 고려를 할 수 있습니다. 학생들이 개별적으로 웹에 접근한다고 가정했을 때, 교사의 도움이 많이 필요할 수 있습니다. 이럴 때 배움이 느린 학생을 위해 학습 안내 및 링크가 모아져 있는 게시물을 활용해서 학생에게 도움을 줄 수 있습니다. 중간에 학습활동이 종료되었을 때, 쉽게 돌아갈 수 있도록 활동과 링크를 한 묶음으로 안내해주기도 하고요. 그마저도 어려운 아이들을 위해 활동에 참여할 수 있는 QR코드를 칠판에 붙여주기도 합니다. 수업 목표를 같은 위치에 항상 게시해놓음으로써 무엇을 배우고 있는지에 대해 지속적으로 상기할 수 있다는 장점도 있겠네요.

최 맞습니다. 웹 환경 또한 교사가 구조화된 환경을 제공할 수 있다는 점이 새롭네요. 구조화된 환경과 더불어 시각적으로 수업 절차를 계속해서 안내함으로써 칠판에 학습목표, 활동 1,2,3을 게시해놓는 것과 같은 효과를 볼 수 있겠습니다.

함 네, 웹 기반 활동에서 댓글 또는 좋아요 기능은 학생과 선생님, 또는 학생과 학생 사이의 정서적인 공감 기회를 제공해서 학습 활동 결과물에 대해 뿌듯함을 느낄 수 있는 계기도 되고요. 친구들끼리 서로 칭찬하는 모습을 관찰하고 읽어보는 것만으로도 의사소통 역량 증진에 많은 도움이 된다고 봅니다. 하지만 이럴 때 학습이 느린 아이들이 활동을 따라가기 어렵다는 반응을 쉽게 할 수 있는 분위기를 조성하거나 허용적인 분위기를 만들어주는 것은 선생님의 역할이라고 할 수 있습니다.

김 네, 정서적인 측면에서도 에듀테크를 활용해서 이야기를 나눌 수 있습니다. 가상의 공간에서 교사와 학생이 대화함으로써 어색한 분위기를 탈피하고 진지한 이야기를 조금은 쉽게 털어놓을 수 있다는 장점이 있어요.

유 그런데, 섬세한 배려가 필요한 아이들에게는 에듀테크의 장점이 단점이 될 수도 있기에 수업 시작 전 우리 반 학생의 정서적 특성과 에듀테크의 기능을 미리 살펴보는 것이 좋습니다. 바로 바로 정반응 오반응을 체크해주는 시스템이 동기를 부여하고 속도감을 줄 수 있지만 어떤 아이에게는 바로 바로 마음을 멍들게 하는 부정적인 효과를 줄 수도 있기 때문입니다.

김 에듀테크가 더 발전하면 수학익힘책도 태블릿과 태플릿 펜으로 풀어서 제출하는 기능이 생길 수도 있겠지만, 아직은 에듀테크도 발전해야할 부분이 있기에 아이들이 수학 문제를 풀어낸 과정을 끄적인 내용은 직접 걷어서 눈으로 확인하기도 합니다. 그래야 학생이 어떤 어려움이 있는지 정확하게 판단할 수 있기 때문에 그렇습니다.

최 에듀테크를 활용한 수업을 통해 더불어 3R's 기술을 잘 익히는 것은 중요합니다. 읽고, 쓰고 셈하는 기술을 대체할 수 있는 기기(예: 계산기, 음성입력 등)가 나왔다 하더라도 읽고 쓰고 셈하는 기술이 개인의 삶의 질과 연관이 있기 때문에 초등 학령기 또는 평생교육 측면에서 중요성을 간과할 수는 없겠습니다. 책에서 특수교육의 경계에 있는 학생들을 다루는데요. 이 학생들 또한 에듀테크를 일부 접목하지만 테크가 해결할 수 없는 교사만의 고유 영역이 있다고 판단됩니다. 교육적 진단 과정에 에듀테크를 활용하여 개인별 결과 보고서를 출력하지만 특수교육의 경계에 있는 학생들은 점수만으로 그들을 평가하기에 한계가 있어서 관찰도 교육적 진단의 중요한 요소로 가져가게 됩니다. 자세한 내용은 뒤에서 다루도록 할게요.

함 맞습니다. 특수교육의 경계에 있는 학생들을 예방적 차원에서 관리하는 것을 포함하여 학생의 어려움을 객관적이고 신뢰도 있게 판단할 수 있는 근거 자료로도 활용할 수 있겠네요.

김 에듀테크를 활용하면 섬세한 접근이 필요한 아이들은 더 어려움을 겪지 않을까 하는 선생님이 계실 것 같아요. 에듀테크가 도입되지 않아도 교실 안에는 격차가 있습니다. '격차는 어디에나 있다'라고 생각하면 조금 마음이 편하실 것 같아요. 선생님들께서 에듀테크 너무 어렵게 생각하지 않으셔도 될 것 같습니다.

함 아, 이 말씀 드리고 싶어요. 에듀테크는 급하게 들어왔지만 우리 수업에 많은 도움을 주고 있고, 수업 패러다임이 변하고 있습니다. 하지만, 기초학력과 에듀테크에서 학생 개별적인 학습을 위해 세심한 터치는 기획하는 선생님이 할 수 있습니다.

책 사용법

유 이 책을 활용하실 독자님께 책 활용법을 간략하게 설명해주시면 감사드리겠습니다.

김 이미 개발되어 있는 접근성 높은 에듀테크를 소개하고 활용법과 효과까지 기술하려고 노력했습니다. 그 이유는 에듀테크를 계속해서 받아들이기보다 하나의 에듀테크라도 수업에 효과적으로 활용할 수 있는 방법을 안내하기 위함입니다. '에듀테크'라는 단어에 대한 심리적 장벽을 무너뜨려줄 수 있는 책이 되기를 바랍니다.

최 이 책은 기초학력에 대한 노하우가 있는 기성 세대 선생님과 에듀테크를 잘 활용하는 세대의 선생님께서 함께 집필합니다. 에듀테크만으로는 결코 기초학력을 해결할 수 없습니다. 기초학력에 대한 노하우를 에듀테크와 연결했습니다. 기초학력 노하우와 에듀테크 기술 모두 눈여겨 봐주시면 감사드리겠습니다. 또, 학습에 도움이 필요한 학생이 에듀테크 현장에서 소외되지 않고 즐겁게 접근할 수 있는 방법과 에듀테크를 활용한 학급 차원의 수업, 개인 지도 차원의 수업을 함께 다루었습니다. 독자님께서는 이 책을 디딤돌 삼아 에듀테크 수업을 위한 상상력을 총동원하셔서 더 나은 수업을 실현하시길 기원합니다.

함 수업도구 중, 적재적소에 활용하는 에듀테크는 굉장한 장점을 가지고 있습니다. 일반학생들을 위한 에듀테크에 지금까지의 활용 초점이 있었다면 앞으로는 에듀테크도 1:1 개별 맞춤형으로 진화되어함을 이 책에서 강조드립니다.

유 이 책은 에듀테크를 활용한 기초학력 지원에 대해 이야기하고 있지만, 기초학습이 필요한 학생에게만 유익한 내용은 아닙니다. 에듀테크를 활용하여 학습수준을 진단하고, 보정학습을 통해 기초를 튼튼하게 다지는 것은 비단 기초학력 지원대상 학생 뿐만 아니라 일반학생들에게도 유익하고 꼭 필요한 일입니다. 이 책을 통하여 에듀테크를 이용해 모든 학생들의 학력을 효율적이고 효과적으로 향상시키는 방법을 알아가실 수 있길 바랍니다.

제1장

학습지원 대상
학생에 대한 이해

기초학력이 무엇인지 기존의 명제들을 살펴보고 자신만의 의미 세우기와 학년 초 기초 진단의 중요성을 알아봅니다. 부진 학생은 어떤 학생을 일컫는 것이며 기초진단의 결과 분석에 따라 부진이거나 부진이 예견되는 학생을 판별하고 원인을 분석하여 부진이 심화 되지 않도록 조기 개입하는 적용 프로그램을 살펴보기 위한 준비를 위한 장입니다.

머리 이야기

해마다 새 학기가 되고 학부모 상담 주간이 돌아오면 꼭 한 두 번은 겪게 되는 학부모. 문을 열고 들어와 앉자마자 "우리 아이 좋은 선생님 만나게 해달라고 백일기도 드렸어요. 그랬더니 선생님을 만났네요." 하면서 그 학부모님은 웃으신다. 종교마다 다르지만 어느 분은 철야기도나 새벽기도를 다녔다고도 한다. 순간 많은 생각이 머리를 스쳐간다. 얼핏 들으면 좋은 말같지만 부담 백배인 말이다. 그 정도로 공들였으니 올해 일년 우리 아이 기대해도 되죠?라는 의미로 들린다. 그러면 연차가 좀 된 나는 웃으면서 이렇게 되받아친다. "아이고~ 왜 백일만 하셨어요? 하루만 더 하시지. 그럼 훨씬 더 능력 있고 좋은 선생님 만나셨을텐데~~."

세종대왕은 훈민정음을 만든 지 약 3년만인 1446년에 『훈민정음 해례본』을 편찬하셨고, 『훈민정음 해례본』 중에 정인지가 쓴 서문에는 "지혜로운 사람은 아침나절이 되기 전에 이해하고 어리석은 사람도 열흘 만에 배운다."라고 되어있다. 그럼 지금 한글 미해득인 학생들은 똥멍청이여서 그런걸까? 아니다. 간절함이 부족해서 그렇다. 글자를 앞에 놓고 읽지 못하는 괴로움을 아는 교사는 얼마 되지 않을 것이다. 하지만 저자인 본인은 초등학교 2학년까지 완벽한 부진아였다. 한글 미해득은 물론이고 구구단조차 외우지 못했다. 그러다 가정환경의 영향으로 정말 혼자 살아남아야 한다.라는 걸 알게 되었을 때 간절함으로 공부에 매달렸다.

옛날 조선 시대 우리 백성들은 직업도 거의 농사 한가지였고, 천민이나 노비, 여자들은 "글은 배워서 뭣에 쓸려고? 농사나 잘 지으면 되지." 라는 말을 늘 듣고 살았다. 왜 그런거 있지 않나? 자꾸 하지 말라고 하면 하고 싶어지는 거. 그러다 너무 쉬운 한글이 떡하니 나타났고 배우지 말라는 양반들의 뜻에 반해 밤에 익히기 시작하여 아침나절이면 한글을 뗐다. 현재 교실에 앉아있는 우리 아이들은 한글에 대한 절실함이나 간절함이 조선 시대만큼은 아니다. 또한 많은 환경의 변화로 인해 가족이 똘똘 뭉쳐 새벽부터 저녁까지 함께 농사짓던 시절도 아니다.

가족 간의 대화 양도 많지 않고 뇌 발달과 언어 발달이 폭발적인 3세 이전과 이후에 많은 말을 걸어주거나 새로운 단어를 들려주는 어른도 부족하다. 물론 바쁘기 때문이다.

옛날 한자를 쓰던 시대, 서당은 한자의 기초를 배우는 곳이므로 스승이 읽으면 따라 읽고 외우기만 하면 됐다. 하지만 사자소학을 지나고 중용, 대학을 거치면 한문에 철학을 더해서 뜻풀이를 시작한다. 단순히 스승이 읽는 것을 따라 읽는 수준이 아니라 자신의 주장과 견해를 함께 넣어 선학들이 쓰던 구절의 뜻을 해석해야만 했다. 한자 한 글자의 뜻이 여러 가지로 해석이 가능하므로 얼마든지 자신의 철학이 첨가될 수 있었다. 그게 바로 문해력이다. 그것으로 과거시험도 치렀다.

지금 현재, 지금의 시대도 학생들에게 단순한 독해를 거쳐 문해력을 중요하게 여기고 그 역량을 기르도록 요구하고 있다. 수능 시험에서 국어가 당락을 좌우하고 학생들이 우리나라 말인 국어를 가장 어려워한다는 웃픈 설문결과도 있다. 이젠 기초수리력이나 문해력이라는 기초능력 없이 다른 과목을 학습한다는 것은 엄두도 못 낼 일이다.

그래서 필요하다. 학생들이 가지고 있는 능력이 얼마나 되는지, 진단하고 진단 결과를 분석하여 맞춤형 프로그램을 제공해야 하는 것이.

없는 것을 만들어내자는 얘기가 아니다. 이미 개발되어 있는 것을 어디서 찾고, 어떻게 활용하는지 알려드리고자 하는 것이다. 혼자 알고 있기에는 너무나 좋은 도구들이기에 기꺼이 현장의 교사들과 함께 공유하고자 한다. 1장과 2장 중반까지는 이론 위주이다. 하지만 뒤에 이어질 실행과 활용을 위해서 꼭 필요한 이론이기에 정독을 부탁드린다.

Q1 기초학력이란 무엇인가요?

기초학력의 정의는 솔직히 정해진 게 없습니다. 기초학력 보장법 시행령이 시행되기 전에도 교육학자들 사이에 합의를 보지 못했습니다. 반면 다르게 생각해보면 정의를 합의할 수 없는 것이 맞는 것으로 판단됩니다. 학습지원 대상 학생들이 저마다 노출된 환경이 다르고 교사나 학습자 각각의 여건이 다르므로 개별적인 정의가 더 올바르다는 생각입니다. 하지만 정의가 내려져야 도달할 목표나 방향도 제시되기 때문에 대상 학생에게 맞는 저마다의 기초학력 정의가 있어야 한다는 게 저의 개인적인 의견입니다. 기초학력은 스스로 배울 수 있는 힘으로서 사회를 살아가는 데 필요한 전제조건이자 기본적인 인권입니다.

Q2 교육부, 시도교육청, 언론 등 각 기관은 기초학습을 다르게 정의하는 것만 같습니다. 기초학습의 정의가 확립되지 않은 이유가 있을까요?

교육전문가, 즉 교육학자들마다 기초학력에 대한 성취기준과 어느 지점까지 확대하여 학습자를 생각하여야 하는지 등 각각의 주장이 다르기 때문입니다. 교육부는 국가교육과정처럼 테두리만 제시하고 구체화하여 적용하고자 하는 시도교육청은 교육과정 평가원 등이 내리는 정의에 편승하여 각 교육청의 상황에 맞게 재구성합니다. 그러므로 현장에서 적용해야 하는 교사는 지역교육청의 기초학력 정의를 내가 담당하는 학습지원 대상 학생들의 환경과 여건에 맞게 다시 구체화할 필요가 있습니다.

Q3 기초학력 교육은 왜 필요한가요?

이른 바 3R's라 불리우는 읽기, 쓰기, 셈하기는 기본이고 이를 포함하는 필수 학습역량으로 문해력, 기초수리력, 학습지원 역량으로 자기 인식 및 관계 능력을 길러주지 않으면 교육과정에서 이루고자 하는 핵심역량은 어느 것도 길러지지 않기 때문입니다.

Q3 신규교사나 기초학력 교육에 자신이 없는 교사들은 어떻게 처음 접근하면 좋을까요?

먼저 현재 교육부나 소속된 시도교육청에서 기초학력의 정책이나 방향을 어떻게 가져가는지 알아볼 필요가 있습니다. 매년 바뀌는 기초학력의 정책 방향을 살펴봐야 학교나 개별 학급에서 지원할 수 있는 계획이 나옵니다. 학교의 여건과 내가 담임하게 된 학습지원 대상 학생의 상황, 교사의 교수력을 감안하여 학생을 진단하고 개별프로그램을 지원하는 것이 좋습니다. 본 저서에서 기초학력의 정의부터 진단 후 지원할 수 있는 프로그램까지 상세하게 안내할 것입니다.

Q5 일반 학생에게는 기초학력 교육이 필요 없는 것이 아닐까요?

결코 그렇지 않습니다. 일반 학생도 핵심 성취기준 하 수준의 문제를 못 풀 수 있습니다. 이는 진단보정시스템의 3월 진단평가에서도 5개 과목 125문항을 모두 맞는 학생이 없다는 것으로도 알 수 있습니다. 기초 및 기본이 탄탄한 학생일수록 적용 및 응용 학습과 더 나아가 자신에게 적절한 학습 전략을 구사할 수 있기 때문입니다.

Q6 필요하다면 수준이 다른 학생들을 어떻게 지도하는 것이 좋을까요?

일단 부진 학생들은 1:1지도를 원칙으로 합니다. 만약 여의치 않다면 소그룹별 지도도 괜찮습니다. 여러 가지 사정상 현실에서 대면으로 모든 학생을 수준별로 지도하기 어렵습니다. 본 저서에서 소개하는 온라인 프로그램으로 수준별로 학습 주제를 배포하고 학습 결과를 온라인으로 지도하거나 대면으로 돌봐주는 개별 학습이 가능할 것입니다.

Q7 기초학력에 관한 자료는 어디에서 얻을 수 있을까요?

이미 개발되어 나와 있는 무료 사용 자료만 해도 양과 종류가 상당히 많습니다. 학교 기본 운영비에서 학습부진 학생들에게 지원할 예산을 편성하기 때문에 유료 자료까지 더하면 더 방대할 것입니다. 일단 무료자료는 이 저서에서 알려드릴 것입니다. 진단검사부터 결과에 따른 지원 프로그램까지. 기대하셔도 좋습니다.

Q8 자료가 너무 방대하던데 내게 꼭 필요한 자료만 찾는 방법은 없을까요?

일단 이 저서에서 알려드리는 자료를 사용해보시길 추천드립니다. 개인마다 상황마다 알맞은 자료는 늘 바뀔 것이므로 자료가 수록되어 있는 사이트와 사용하실 수 있는 프로그램들을 소개할 것입니다.

거꾸로 세우는 기초학력의 의미

기초학력의 정의는 솔직히 말해서 정해진 게 없습니다. 기초학력을 국가와 시도교육청이 책무성을 갖고 체계적으로 지원하기 위하여, 「기초학력 보장법」과 「기초학력 보장법 시행령」이 2022년 3월 시행되기 전, 기초학력의 정의에 대해 교육학자들 사이에서도 합의를 모으지 못했습니다. 심지어 기초학력 대상 학생을 어떤 기준점으로 나누느냐, 즉 성적 하위 20%에 포함되어있는 학생을 기초학력 부진이라 할 것인지에 대해서도 설왕설래하였습니다. 어떤 교육전문가는 하위 20%면 너무 낮은 성취를 기준으로 하는 것 아니냐는 칼럼을 쓰기도 했고 현장의 선생님들도 그 뜻에 찬성하는 이도 많았습니다.

반면 좀 다르게 생각해본다면 합의를 보지 못하는 것이 오히려 맞을 수도 있다는 생각이 듭니다. 학습지원 대상 학생들이 노출된 환경 등이 저마다 다르며 가르치는 교사나 배우는 학습자 조차도 모두 각각의 여건이 다르므로 학습지원 대상 학생 개별적으로 정의가 달라진다는 점에서 어떤 정의 한 가지로 묶어둔다는 것은 변경의 여지가 너무 많다는 고민도 이해가 되는 측면이 있습니다. 핵심 최소 성취기준도 적용할 학교의 역량이나 학생의 개인 요건을 고려하여 재구성할 수 있다는 여지를 둔 점을 보면 더욱 '합의'라는 것 자체가 무색하기도 합니다.

하지만 정의가 내려져야 앞으로의 정책 방향도 구조화된다는 점도 무시할 수 없기에 각 학교나 각각의 개별 교사는 반에 소속되어 있는 학습지원 대상 학생의 학습에 걸림돌이 되는 약점을 정확하게 진단하여 개별적으로 도움을 줄 수 있는 프로그램을 구성하여야 하고, 학생이 도달해야 할 목표를 설정해야 한다는 점에서 기초학력의 정의를 저마다 내려야 할 것이라고 생각합니다.

기초학력의 의미를 여러 가지 예시로 비교해보고 우리 반의 학습지원 대상 학생에게 적용할 만한 정의와 목표를, 우리 아이가 처한 상황을 고려하여 거꾸로 교수자인 내가 정하기로 해봅시다.

- **교육부** : 「초·중등교육법」에 명시된 초등학교부터 고등학교까지 학생이 배우는 학교 교육과정에서의 최소한의 성취기준을 충족하는 학력
- **전라북도 교육청** : 배울 수 있는 힘으로서 학생들이 사회를 살아가는 데 필요한 전제조건이자 더 나아가 인권임.
- **오마이 뉴스(2019.04.14.)** : 국립국어원에서 내는 ≪표준국어대사전≫에서 '기초학력'의 의미를 찾아 "기초학력(基礎學力)-『교육』 읽기, 쓰기, 셈하기 따위와 같이 여러 교과를 터득하기 위하여 학습의 초기 단계에 습득이 요구되는 기초적인 능력. '기초학력'은 다른 교과 공부를 하자면 꼭 필요한 읽기와 쓰기, 셈하기. 흔히 3R's라고 함. 초등학교 낮은 학년 수준에서는 꼭 갖춰야할 능력이라고 밝히고 있으며 그에 따라 국어의 경우 "일상 생활과 학습에 필요한 기초 문식성"을 갖추는 데 방점이 찍혀 있음.

읽기는 '한글'을 깨치고 읽는 활동을 하면서 "글의 내용을 이해할 수 있는 기초적인 읽기 능력",

쓰기는 "자신의 생각이나 학습 결과를 문자로 표현하는 데 필요한 기초적인 쓰기 능력"을 갖추는 데 중점을 두고 있음. 글자를 바르게 쓰고, 자기 생각을 문장이나 짧은 글로 부담 없이 쓰는 정도.

수학의 경우 '셈하기'로 좁혀 보면 '수와 연산' 영역과 관련이 있음. 1~2학년군 '수와 연산' 영역은 '네 자리 이하의 수, 두 자리 수 범위의 덧셈과 뺄셈, 곱셈'을 배우는데, 수는 수학에서 다루는 가장 기본적인 개념으로 실생활뿐만 아니라 타 교과나 수학의 다른 영역을 학습하는 데 필수적임. 또한 사칙 계산은 수학 학습에서 습득해야 할 가장 기본적인 기능이며, 이후 학습을 위한 기초가 된다고 함.

하지만 이 기사에서도 여러 각도로 교육부의 기초학력의 정의를 비판하고 있음.

- **경기도 교육연구원** : 경기도 교육청에 정책 제안으로 내놓은 '경기도 기초학력 보장 정책 추진현황 진단 및 정책방향 제안'에서 "기초학력이란 '학생들이 지녀야 할 최소한의 학습수준'을 의미함. 일반적으로 기초학습은 읽기, 쓰기, 셈하기를 뜻하는 3R's를 의미했지만, 최근에는 사회적인 변화에 따라 교과학습 영역까지 그 의미가 확대됨.(한국교육학술정보원, 2015). 과거에는 학습부진의 원인을 교수-학습 측면에서만 찾았으나, 최근에는 인지심리학적 관점에 따라 정서-심리적 요인까지 포함하곤 함.

- **교육과정 평가원(예전 꾸꾸사이트와 현재 국가기초학력지원센터 운영을 맡고 있음)** : 가장 최근의 기초학력의 개념을 이렇게 설명하고 있음. "최근 기초학력의 개념은 '빠르게 변화하는 환경에 대처하고 주도적으로 자기 삶을 영위해 나가기 위해 필요한 최소한의 능력'으로 확대되어 정의하고 있음. 구체적으로 기초학력은 필수 학습역량과 학습 지원역량으로 구분되는데, 필수 학습역량에는 전통적인 기초학력 개념으로 이해되어 온 문해력과 기초 수리력이 해당되며, 학습 지원역량은 변화하는 미래 사회에서의 학력을 갖추기 위해 기본적으로 전제되어야 하는 학습지원 영역으로 자기 인식 및 관계 능력과 같은 사회정서적역량을 의미한다.(김태은, 양경실, 노원경 외, 2019)" 라고 현재 가장 최근의 교육 이슈와 2022 개정교육과정의 역량을 반영하여 설명하고 있음.(연구보고 CRI 2022-2, 2022.02.28.)

위에서 살펴보다시피 기초학력의 정의는 시대상을 반영하며 계속해서 변화하고 있습니다. 인지적인 면만 강조하다가 심리·정서 영역까지 확대되었고 학습지원 대상 학생의 인간으로서 누려야 할 권리라는 의미로까지 대두되고 있습니다. 재학 중일 때뿐만 아니라 평생 교육의 측면에서 기초학력의 보장은 이루어져야 한다는 뜻으로 여겨집니다. 즉, 학습자가 뭔가 배우고 싶은 마음이 들 때 무엇이든 스스로 학습할 수 있는 능력, 자기 주도적인 학습을 할 수 있는 기초능력 말입니다. 그렇다면 현장에 있는 교사, 나 자신은 기초학력에 대해 어떤 정의를 내려야 할까요? 나만의 기초학력에 대한 정의도 해가 바뀌고 대상 학생이 바뀌면 또 다시 수정 보완되어야 하는 것이지, 고정되어 있을 수 없는 의미이기도 합니다. 그래야 도달해야 할 목표도, 교수학습의 방향성도 개별 학생에 맞게 정해지기 때문입니다.

어쨌든 법은 통과되어 현장에 적용되었고 교육과정이 변경될 때마다 교육과정 평가원은 성취기준을 상, 중, 하로 나누어 최소 성취기준을 제시하여 기초 · 기본학력이 부진한 학생을 지도할 교육과정을 재구성하거나 3월 초 진단검사 문항을 제작할 때도 도움을 받도록 하였습니다.

Q 기초학력교육에서 초기 진단이 중요한 이유는 뭘까요?

기초학력의 정의도 시대상을 반영하여 변화할 만큼 복잡한 사회에 살고 있는 학생들은 주변 환경, 빈부격차, 과학의 발달로 학습지원 대상 학생의 원인도 다중적, 다층적으로 점차 변화하고 있습니다. 학령기부터 학년이 올라갈수록 부진원인을 초기에 밝히고 맞춤 프로그램으로 지원하지 못하면 이 학생들은 학습 부진의 원인이 더욱 증가하게 됩니다. 그러므로 초기 진단은 학습자의 자존감을 상실하기 전, 신속하게 이루어질 필요가 있습니다.

기초학력 진단의 중요성

기초학력의 정의도 시대상을 반영하고 변화할 만큼 복잡해진 사회에 학창 시절을 보내고 있는 학생들은 주변 환경의 여러 여건과 빈부격차가 심해진 사회적 상황, 과학이 발전되면서 교육학에 영향을 미치는 뇌과학과 의학적인 질병까지 학습지원 대상 학생의 학습 부진 원인은 보다 여러 원인이고 같은 원인이어도 단계적으로 다르게 작용하여 단순한 학습 진단만으로는 원인을 추정하기 어렵게 되었습니다. 예를 들어 이중의 학습 장애를 가진 학생이 유아기에 지능은 정상적이었다 하더라도 학교에 입학한 후 원인을 찾지 못하여 적절한 학습지원을 받지 못하면 지능도 경계선급(지능지수 70~85점 ±10)으로 점차 낮아지게 됩니다. 이후에 살펴보면 학습 장애 뿐만 아니라 지능도 낮아져 학습 부진의 원인이 하나 더 증가된 셈이 됩니다. 그러므로 부진 원인 진단은 빠르면 빠를수록 효과가 좋으며 교육 현장에서 가장 많은 시간을 함께 보내는 담임교사나 교과 교사가 진단을 실시하면 좀 더 정확한 진단 결과를 도출할 수 있습니다. 특히 초등학교 저학년인 1~2학년용 진단은 피검자가 한글 미해득이라는 전제하에 교사와 주양육자가 진단검사에 임하게 되며 3개월 이상 학생을 지도해본 후 실시하라는 조건이 따르므로 학생의 담임교사가 최적의 검사자가 되는 경우가 많습니다.

또한 같은 학생이라도 학년이 올라가고 연령이 높아지면서 자연스럽게 올라가는 생활지능과 더불어 주변 환경이 변할 수도 있고 담임을 맡게 되는 교사의 교수 방법에 대한 선호도가 개별 학생마다 다르므로 교사와의 관계나 교우 관계 등에 따라 학습 부진의 원인도 변할 수 있어서 진단검사는 매년 이루어지는 것이 적합하다고 봅니다. 물론 학년 말, 동형의 검사지로 사후 진단 검사까지 실시한다면 학년 초와 학년 말의 개인 학생 내(內)에서 비교로 성장이나 변화의 가능성을 측정해볼 수 있으므로 더욱 교육에 효과가 있을 것이라고 확신합니다.

또한 읽기, 쓰기, 셈하기를 포함한 필수 학습 역량으로 문해력과 기초 수리력 진단, 학습지원 역량인 자기 인식 및 관계 능력을 길러주기 위한 심리·정서에 관련된 진단 검사가 필수로 이루어져야 합니다.

- **문해력** : 글을 읽고 이해할 수 있는 능력과 그와 비슷한 수준의 쓰기 능력
- **기초 수리력** : 수와 양, 공간에 대한 감각 및 기본적인 사칙연산을 이해하고 수행하는 능력
- **자기 인식 및 관계 능력** : 개인적·사회적으로 의미 있는 존재로 살아나가기 위해 가장 기본이 되는 능력

하지만 현장의 많은 교사들은 3월에 실시하는 전년도의 학업성취를 가늠할 학습 진단검사는 당연히 시행해야 하는 것으로 알고 있으나 그 외 영역의 진단검사에 대해 필요성은 느끼고 있지만 어떤 종류가 어디에 있고 어떤 방법으로 실시하고 결과 해석을 어떻게 해야 하는지 알지 못하는 경우가 많습니다. 여기서 가장 중요한 포인트인 우리 반 학습지원 대상 아이는 어떤 검사가 필요한지도 가늠하지 못할 수도 있습니다.

2장에 소개해 드리는 검사들은 모두 무료이며 이미 우리가 알고 있는 사이트에 노출되어 있습니다. 단지 어떤 종류가 어떤 단계로 접근하는지, 결과가 나오면 어떻게 이 결과를 우리에게 맞게 해석할지를 모를 뿐입니다. 우리 아이의 학습에 걸림돌이 되는 원인을 알아내는 여러 종류의 진단검사를 소개해 드리고 우리 아이에게 정말 도움이 되는 학습증진 프로그램을 추후활동으로 제시해드립니다. 평균 출산율이 "0"인 나라. 우수한 학생만 살아남고 부진한 아이를 포기하고 가기에는 우리나라의 미래가 모두 절망이라고 세계의 인구학자들이 공통적으로 예측하고 있다는 점에서 너무나 무서운 상황이며 더더욱 학습지원 대상 학생들을 도와줘야 할 의무와 책무를 우리, 기성세대에게 무겁게 부여하고 있습니다.

Q 경계선에 있는 학생들은 어떻게 지도할까요?

경계선 상 지능의 아이들은 일단 시간의 여유를 충분히 두시고 교육의 효율성보다는 효과성을 기대하셔야 합니다. 시간 투자 대비 학습의 결과가 잘 나오지 않는 학생들이기 때문입니다. 그러므로 도달해야 할 목표를 단계별로 잘게 쪼개어 성취감을 주시고, 직접 교수법과 반복 학습을 하시되 지루하거나 한번 푼 학습지는 재구성하여 제공하셔야 합니다. 이 또한 지원프로그램을 본 저서에서 알려드릴 것입니다.

학습지원 대상 학생이란?

　학습지원 대상 학생은 대체 누구를 가리키는 걸까요? 흔히 학습 부진 학생이라 불리는 학생으로 낙인 효과를 우려하여 여러 가지 명칭으로 순화하여 불리기도 합니다. 가장 최근에 불린 용어는 '느린 학습자'였습니다. 즉 배움이 느린 학습자로 같은 학습을 한다면 배움 속도가 느려 다른 학생들에 비해 2~3배의 시간을 들여야 같은 양의 학습이 가능하다고 그렇게 불렀습니다.

　하지만 이 책에서 '느린 학습자'는 경계선 지능이나 정상적인 지능을 가졌지만 뇌 어느 쪽의 결함으로 학습 장애(난독증, 난서증, 난산증 등)를 가진 학생을 '특수교육의 경계에 있는 학생'이라 칭하고 여러 가지 주위 환경(가정, 학교, 교우관계 등)이나 학습 결손 누적, 학습 전략의 사용 미흡 등으로 학습 부진인 학생을 '학습지원 대상 학생'으로 나누어 부르려고 합니다.

　물론 일반적으로는 '특수교육의 경계에 있는 학생'을 포함하여 통칭 '학습지원 대상 학생'으로 분류합니다. 특히 경계선급 지능의 학생은 특수한 도움을 요구하지만 도움반으로 가기에는 너무 똑똑하고 일반 학급에 머물기에는 학습 부진으로 분류되므로 특성에 맞는 학습 도움을 받지 못하여 지능이 더 낮아지는 경향도 보입니다. 또한 한 교실 전체 인원의 평균 3~5%의 분포를 보이는 난독증의 학생들은 교사나 부모가 그들의 특성을 잘 파악하지 못하고 학생은 난독이긴 하나 정상적인 지능으로 암기하여 읽어내는 능력이 있으므로 쉽게 눈에 띄지 않아 적시에 필요한 도움을 받지 못하고 일반적인 학생으로 착각하여 방치되는 경우가 많았습니다. 요즘은 난독증에 대한 관심이 높아지고 현장의 교사들도 난독증에 궁금증을 가지고 지도해보려는 의지가 있는 경우가 많아 지역교육청에서 열리는 연수에 참여도가 높은 편입니다. 연수 뿐 아니라 각 시·도교육청은 지역의 바우처 등을 통해 전문적인 인력이 난독증을 진단하고 학생들이 그에 알맞은 치료를 받을 수 있도록 진단비, 상담료 등을 지원하는 등 예전보다 나아진 상황을 맞이하고 있습니다. 기초학력 증진에 힘쓰고 있는 저자의 입장에서는 그나마 다행이라고 생각하는 부분입니다. 하지만 난독증을 전문으로 치료하는 지역의 센터를 찾기 어렵고 언어 치료 등을 대체 교육으로 하는 센터를 바우처로 지정하는 등의 약점은 노출되고 있는 형편입니다.

Q 진단 도구 어떻게 사용하면 쉽게 사용할 수 있을까요?(초보도 가능한가요?)

알려드리는 사이트에 회원 가입하시고 접근경로만 따라오시면 실시 요강, 교사용 자료 등이 모두 첨부되어 있습니다. 당연히 처음 접하시는 분도 충분히 활용하실 수 있습니다. 바로 회원가입만 하시면 됩니다.

에듀테크를 활용해 지도하면 좋은 점은?

이미 말씀 드린 바, 팬데믹으로 인해 교실의 물리적 환경 및 교사의 교수 방법의 다양성과 선택의 폭이 우리의 예상보다 훨씬 빠른 속도로 변화하고 있습니다. 오프라인 지면으로만 진단 평가를 하고 색연필로 매기던 시대를 벗어나 공간과 시간을 초월해 학생들에게 회원정보만 알려주면 온라인으로 진단 및 향상도 검사를 진행하고 결과를 도출하여 즉시 제공합니다. 예전처럼 학생들에게 참을성을 기른다든지, 만족감 지연을 요구하는 것은 더 이상 학습에서는 필요하지 않습니다.

이런 경향에서 요즘 세대들에게 가장 효과적인 진단 도구는 온라인 도구가 더 적합하다 하겠습니다. 물론 예전의 방식이 나쁘다거나 효과가 떨어진다는 얘기는 아닙니다. 선택의 폭이 확대된 만큼 학습자나 교사에게 좀 더 소통적이고 적합한 방법을 찾아 적용하여 극대화된 교육 효과를 누리자는 것입니다.

제2장

자료의 보물창고, 국가기초학력지원센터

(https://k-basics.org)

교육과정평가원에서 운영하는 국가기초학력지원센터에 대한 소개의 장입니다. 회원가입부터 학생관리, 학부모와의 매칭 등의 단계를 설명해드리며 각종 진단 도구를 영역별(문해력, 수리력, 심리 · 정서 등)로 알아봅니다. 또한 진단 도구별로 링크를 함께 탑재하여 활용성을 높여드리고, 결과와 연결하여 이용할 수 있는 교수학습자료까지 소개해 드립니다.

국가기초학력지원센터 소개 및 가입방법

전대미문의 코로나 팬데믹으로 인하여 교육 현장은 10년이 걸릴 변화가 한꺼번에 몰려 왔습니다. 갑자기 원격 수업을 준비하고 마이크, 카메라, 줌(zoom) 앱, 펜 타블렛, 온라인 학습지 도구, 각종 동영상 편집 도구, 썸네일 등 한바탕 홍역을 겪고 있었습니다. 이런 도구에 익숙하지 않은 교사는 명예퇴직을 선택하고 이 환경에 어떻게든 적응해서 살아남으려 한 교사들은 기초학력저하의 심화라는 문제에 부딪혔습니다. 성적을 상, 중, 하로 나누었을 때 '중' 수준의 학생들 중 소수는 경제적인 지원이 뒤따라 사교육에 더욱 노출되어 '상' 쪽으로 성적이 상승하였지만 대부분의 '중' 수준의 학생들이 비대면 수업에 효과를 얻지 못하고 '하' 수준으로 뒤떨어져 학습 부진 학생이 급증했다는 사실입니다. 특히 처음부터 '하' 수준의 학생들은 더욱 뒤처진 학습 상태를 보여 코로나를 겪던 2년 동안 심리 · 정서적인 면도 고갈되고 학습력도 기초가 없으니 힘없이 추락했습니다. 이런 혼란한 상황에서 기초학력을 지원하고 진두지휘할 컨트롤 타워가 교육부에 없다는 점이 문제가 되었고 국가기초학력지원센터가 탄생하게 되었습니다. 「기초학력 보장법 시행령」에 설치된다는 조항이 있었지만 가속도를 내게 된 계기는 코로나 19였습니다.

기초학력에 관련된 상당한 양의 자료가 누적되어있고 일선 교사들에게 그나마 많이 알려져 있는 꾸꾸(Keep Up, Catch Up)사이트(http://www.basics.re.kr)를 운영하고 있는 교육과정평가원이 국가기초학력지원센터를 맡아 꾸꾸(KU CU)사이트의 자료를 모두 이관시키고 진단보정시스템의 배 · 이 · 스 캠프와 연동하여 늘품이 보정 학습자료와 진단 도구까지 모두 제공하고 있습니다. 뿐만 아니라 자체 개발된 진단 도구의 효율성과 사용 가치를 높이기 위해 업그레이드하여 결과의 타당도를 높였습니다.

수리력 진단 도구 및 교수학습자료 개발, 문해력 진단 도구 및 교수학습자료 개발, 사회정서역량 진단 도구 및 지도 · 지원 자료 개발 등 교육 현장 교실 안에서 실제로 교사가 사용 가능한 진단 도구와 결과에 따른 교수학습자료나 지도·지원 자료까지 개발하여 제공하므로 교사가 국가기초학력지원센터 사이트를 방문하여 검사 도구를 검색하는 조금의 수고로움으로 훌륭한 결실을 맺을 수 있도록 맞춤형 자료가 탑재되어 있습니다.

꼭 진단 도구를 활용하지 않더라도 이 사이트의 자료를 검색해보고 한 번씩 훑어보는 것만으로도 학습지원 대상 학생에게 많은 도움을 줄 수 있다고 생각합니다.

국가기초학력지원센터에 회원가입은 교사와 학부모로 구분하여 가입을 하고 가입 시, 진단보정시스템의 배·이·스 캠프(https://www.plasedu.org)를 먼저 방문하여 회원가입을 하여 아이디와 비밀번호를 함께 입력하면 늘품이 보충자료와 다른 진단 도구들을 연계자료로 한꺼번에 검색하여 활용할 수 있습니다.

▲ 진단보정시스템/배이스캠프 회원가입

▲ 기초학력지원센터 회원가입 및 배이스 연계 로그인

　학생들의 관리를 위해서 먼저 마이페이지/학생등록 탭에 들어가서 개인정보동의신청서를 다운 받으신 후 학급별 가정통신문을 배부하실 수 있습니다. 그러나 그보다는 학년 초, 받아둬야 할 학교 개인정보 동의서 가정통신문을 보내실 때 함께 배부하여 회신을 받아두시는 게 앞으로의 교수학습활동에 여러모로 '주양육자의 비협조' 라는 장애물을 피할 수 있습니다. 왜냐하면 진단검사 후 '귀 댁의 자녀가 학습지원대상 학생이라~~' 이런 내용으로 개인적 동의서를 받는 것은 주양육자에게 거부감을 줄 수도 있기 때문입니다.

　그 후 개별이나 일괄로 학생을 등록하실 수 있는데 이때 다운받은 엑셀 파일 양식에 간편한 정보를 입력하여 업로드하면 자동으로 학생들의 아이디가 생성됩니다. 이때 학생들의 아이디는 숫자로만 이루어져 학생들에게 자신의 아이디만 알려주면 비번 필요 없이 개별 아이디와 학생 이름을 가지고 로그인이 완성되며 교사가 알려주는 온라인 검사에 학생용으로 접근할 수 있게 됩니다.

	A	B	C	D	E
1	학생이름	학년	반	번	성별
2	테스트10	2	1	10	남
3	테스트11	2	1	11	여

▲ 기초학력지원센터 학생등록 엑셀 양식

	이름	아이디	학교명	학년	반	번호	성별
☐				4	1	17	여
☐				4	1	9	남

▲ 엑셀파일 업로드 후 학생관리 아이디 생성

교사는 마이 페이지/학생 그룹 관리 탭에서 해당하는 반을 그룹 생성하여 등록된 학생을 체크하면 올해 우리 반 학생들의 그룹이 만들어집니다.

학생그룹 관리

⌂ > 마이페이지 > 학생그룹 관리

	그룹명	인원수	생성일	그룹관리
☐	2023	22	2023-07-21	그룹 수정 / 학생현황 보기

마이페이지 / 학생 관리 / 학생 등록 / 학생-학부모 매칭 / 학생그룹 관리

≪ ‹ 1 › ≫

▲ 학생그룹 관리

또한 학부모에게 기초학력지원센터 링크를 공유하여 회원가입을 하시도록 한 후 학부모와 학생을 교사가 매칭하면 학부모가 자녀의 학부모용 온라인 검사에 응할 수 있습니다. 모든 피검자는 자신이 응답한 검사의 결과를 즉각적으로 확인할 수 있으며 교사는 학생 및 학부모 등 검사에 응한 모든 피검자의 결과를 바로 확인할 수 있고 이를 활용할 수 있습니다. 또한 학생 개인별로 검사 이력 관리가 되어 몇 년이 지나더라도 학생들의 검사결과를 수시로 확인할 수 있으므로 다음 해 학생 담당 교사에게 학생의 검사 이력과 추후 지원된 프로그램의 인수 · 인계가 가능합니다.

이번 장부터는 기초학력지원센터의 진단 도구들과 각종 도구의 검사 방법, 검사결과를 해석하는 방법, 해석에 따라 활용할 수 있는 교수학습자료까지 연결하여 소개드리도록 하겠습니다.

학습능력 진단검사 도구

필수 학습 역량 진단 도구

1) 문해력 진단 도구

문해력 진단을 위해 개발되어 있는 도구는 '읽기 유창성과 독해력 향상을 위한 읽기 검사지(KICE Reading Inventory)'입니다.

초등학교, 중학교, 고등학교용으로 모두 개발되어 있습니다.

문해력과 읽기 유창성을 질적으로 진단하는 형식으로 개발되었으며 해독, 재인, 낱말 유창성, 기초 독해 등을 검사할 수 있는 검사지로 구성되어 있는 도구로 평상시 활용하는 생활언어가 아닌 교과서에서 추출된 어휘, 즉 학습언어로 구성되어 있습니다. 1~6학년을 대상으로 하며 검사지를 다운받아 활용할 수 있습니다.

먼저 읽기의 중요성과 진단지 활용에 관한 설명을 한 뒤, 학생용 검사지와 교사용 제시 단어목록을 함께 제공하므로 1장의 진단지 활용 가이드를 읽어보면 누구나 쉽게 사용할 수 있습니다. 구체적인 지도 방법까지 1장에서 함께 설명하므로 진단결과에 따라 교사가 지도할 방향까지 제시하고 있습니다.

낱말 유창성 검사, 문장 유창성 검사, 독해 검사의 3파트로 나뉘어 있습니다. 물론 각 학년별로 검사지가 제공됩니다.

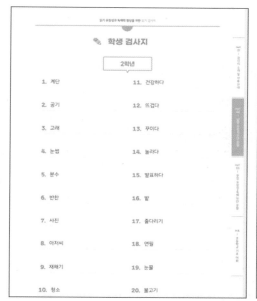

▲ 예 낱말 유창성 2학년 학생용 검사지와 교사용 채점지

교사용 단어 목록 밑에 수준을 쉽게 풀어 해석해주므로 검사자의 부담도 덜어줍니다. 학생에게 학생용 검사지를 주고 검사자는 교사용 단어 목록을 가지고 실시 방법에 따라 학생이 읽어내는 시간을 체크하며 실시하면 됩니다.

• 초등학교용 : 국가기초학력지원센터/기초학력 학습자료/초등학교/국어

(https://k-basics.org/user/studyView.do?menuSeq=666&datadetailSeq=525)

중학생용으로는 읽기 유창성과 독해 진단을 위한 읽기 검사지(2판)으로 초등학교 수준의 1판에서 중학교 학교급 수준의 진단 문항을 추가하여 구성하였으며 초등학교/중학교 학습자의 읽기 유창성과 기초 독해력에 대한 질적 검사 도구입니다. 중1~3학년까지 사용할 수 있습니다.

• 중학생용 : 국가기초학력지원센터/기초학력 학습자료/중학교/국어

(https://k-basics.org/user/studyView.do?menuSeq=673&datadetailSeq=6235)

고등학생용으로는 진단검사보다는 읽기 전략 학습을 도와주는 '공부 자신감을 키워주는 읽기 전략 프로그램 '알바트로스 날다'(연구자료 ORM 2018-40 알바트로스 날다) 도구로 구성되어 있습니다.

고등학교는 학습하는 교과 내용 대부분이 텍스트로 구성되어 있으며 이를 이해하고 읽고 쓰는 과정이 교수학습의 기본이 됩니다. 따라서 학습에 대한 자신감을 향상시키기 위한 효과적인 지도 방안으로 학습의 기초가 되는 글을 읽고 쓰는 전략 프로그램으로 구성되어 있습니다. 읽기 전략을 습득함으로 학습에 성취감을 가지게 되고 사고하고 질문하는 연습을 통해 자신감을 갖게 되어 이 좋은 경험이 다른 학습에 전이되는 효과를 얻도록 하기 위해 구성된 프로그램입니다.

학생용 워크북에 교사의 지도 내용과 활용 방법이 함께 제시되어 있고 학생이 활동후 스스로 학습 결과를 확인할 수 있도록 해설을 제공하고 있습니다. 이는 학습에 대해 자기주도력을 신장하기 위한 구성이기도 합니다. 전체가 5단계로 짜여져 있고 교사 중심의 전략 설명(알깨기 단계)이 앞서고 실제로 활용하지 못하면 죽은 지식에 불과하므로 마지막 단계(비상단계)에서는 익힌 전략을 수능 문제에 적용해보는 단계로 구성하여 성공 경험의 효과를 극대화하도록 구성하고 있습니다.

> • 고등학생용 : 국가기초학력지원센터/기초학력 학습자료/고등학교/국어
> (https://k-basics.org/user/studyView.do?menuSeq=680&datadetailSeq=531#none)

모든 자료는 탑재 위치에서 다운로드 받아 손쉽게 접근하고 사용할 수 있습니다.

> **❝ 알바트로스**
> 가장 멀리, 가장 높게 나는 새 - 땅에서는 거추장스럽게 보이는 긴 날개를 늘어뜨리고 물갈퀴 때문에 걷거나 뛰는 모습이 우스꽝스러우며, 사람들이 돌을 던져도 날지 않고 뒤뚱거리며 도망가 '바보새'라고 놀림을 당하지만, 하늘에서는 한 번도 쉬지 않고 먼 거리를 난다. 자신의 힘이 아닌 바람의 힘으로 나는 이 새는 용기 있게 절벽으로 뛰어내리는 활공의 명수라고 불린다.

2) 읽기 학습 특성 체크리스트 (읽기 곤란, 난독증)

1) 번의 문해력 진단 도구와 순서를 앞뒤로 변경하며 사용할 수 있는 진단 도구입니다. 교사나 학부모가 사용할 수 있는 간단한 관찰 체크리스트입니다. 본 체크리스트는 초등학교 1학년부터 6학년을 대상으로 하며, 또래에 비해 읽기 학습에 현저한 어려움 (예: 읽기곤란, 난독증)을 보이는 아동을 선별(읽기 위험성이 높은 아동을 미리 발견)하는 데 목적이 있습니다.

따라서 체크리스트 활용 시에는 최소 3개월 이상 대상 학생을 관찰한 자가 실시할 것을 권장하고 있습니다. 교육청의 특수학급지원센터나 학습종합클리닉센터, 학교 내 도움반에 학생을 의뢰할 때 1차 선별 도구로 활용하면 좋습니다. 말로만 설명하기 보다 좀 더 객관적인 결과 수치를 가지고 아이의 상태에 대해 설명하면 학부모나 도움교사를 설득하기에 도움이 됩니다.

초등학교 1-3학년 저학년용, 4-6학년 고학년용 체크리스트로 검사지를 구분하여 제공하며 실시요강을 함께 실어 검사자가 도움을 받을 수 있도록 구성하였습니다.

• 국가기초학력지원센터/기초학력 학습자료/초등학교/학습준비도
   (https://k-basics.org/user/studyView.do?menuSeq=671&datadetailSeq=6183)

3) 읽기 태도 검사지

읽기 태도 검사는 학생들의 독서 실태와 태도를 확인하는 데에 목적이 있습니다. 읽기 태도는 '읽기를 대상으로 좋고 싫음의 평가를 내리고 그러한 평가에 따라 읽기 상황에 접근하거나 회피하는 등의 반응을 일관되게 산출하는 심리적 경향(정혜승, 2006: 390)'으로 정의할 수 있습니다. 읽기 지도에서 학생들의 실제 읽기 시간은 어느 정도인지 파악하고 읽기에 대한 동기와 인식이 어떠한지 확인하여 학생들이 지속적으로 글을 읽을 수 있는 습관을 가질 수 있도록 지원하는 것이 중요합니다.

읽기 태도 검사지는 '독서 실태, 독서 지원 환경, 독서 위험 환경, 독서 효능감, 독서 가치/정서' 5가지로 나뉘며 총 8개 세부 항목으로 구성되어 있습니다. 각 세부 항목의 검사 결과를 연계하면 학생의 읽기 태도를 다양하게 진단할 수 있고 그에 따른 교수·학습 방안을 설계할 수 있습니다.

문해력이 어느 때보다 학습력의 중요한 기준이 되는 지금, 저학년 때는 독서량과 독서 태도가 괜찮다가 고학년으로 올라갈수록 독서와 점점 멀어지는 학생들이 많습니다. 물론 독서량이 많다고 문해력이 좋은 건 아닙니다. 글 내용을 해독하고 이해한 글 가치에 자신의 판단을 덧붙여 비판을 할 수 있어야 올바른 문해력을 갖추었다 할 것입니다. 그러므로 저학년 때부터 읽기 태도 검사는 실시해 볼 필요성이 강한 검사입니다.

이 검사에 대한 소개와 활용 안내는 기초학력지원센터/열린마당/홍보자료에서도 확인할 수 있습니다.(URL : https://k-basics.org/user/promoView.do?menuSeq=729&bbsSeq=1123)

- 국가기초학력지원센터/기초학력 학습자료/초등학교/국어

  (https://k-basics.org/user/studyView.do?menuSeq=666&datadetailSeq=6233#none)

느린 학습자 선별 체크리스트 (경계선 지능 선별)

본 검사의 대상은 초등학교 1학년부터 6학년까지입니다. 이 검사의 목적은 경계선 지능 학생을 선별하는 것이므로 부모가 자녀를 경계선 지능으로 의심하여 검사를 의뢰한 학생, 담임교사가 학생을 최소 3개월 이상 관찰하고 지도한 결과 학습이나 학교생활에서 어려움을 보이는 학생, 학년 초 실시한 기초학력 진단평가에서 미도달로 진단된 학생 등이 검사 대상이 될 수 있습니다. 검사 실시 시간은 약 15분 정도 소요됩

니다. 일부 문항에 대해 선뜻 응답하기 어려워하는 학생의 행동을 관찰해야 할 경우, 시간이 더 소요될 수 있습니다.

본 검사는 교사 평정 검사로, 대상 학생에 대해 정확한 정보를 얻기 위해서 대상 학생을 최소한 3개월 이상 지도한 경험이 있는 담임교사 또는 교과전담교사 등이 실시합니다. 경계선 지능의 특성은 크게 언어, 기억력, 지각, 집중, 처리속도의 다섯 영역으로 구분하여 살펴볼 수 있습니다. 이러한 특성은 특수교육의 경계에 있는 학생 선별을 위한 체크리스트의 하위영역이기도 하여 위 다섯 영역으로 체크리스트가 구성되어 있습니다.

본 검사는 대상 학생이 평소에 보이는 언어, 기억, 지각, 집중, 처리속도 특성에 대해 평정하는 방식입니다. 따라서 경계선 지능 여부에 대한 신뢰도 높고 정확한 정보를 얻기 위해서 다음 사항에 유의하여 검사를 실시하여야 합니다.

학생의 학년에 따라 집단 구분점(cut-off point)이 다르므로 학생의 학년을 정확하게 기입하도록 하고 이를 확인하셔야 합니다.

대상 학생을 최소 3개월 이상 지도한 경험이 있는 담임교사나 교과 전담교사가 실시해야 하기에 1학년 2학기 초 ~ 6학년 1학기 말에 실시하는 것을 권장합니다.

검사자가 일부 문항을 관찰하지 못하여 바로 응답하기 어려운 경우, 추가적인 시간을 확보하여 학생에게 해당 문항을 지시하거나 질문하여 학생의 반응을 직접 관찰한 후에 평가하도록 합니다.

검사 문항에 대한 응답은 순차적으로 진행하지 않아도 되며 쉽게 응답 가능한 것부터 응답하되 전체 문항에 대해 모두 응답해야 합니다.

검사 문항에 대한 응답은 4점 척도로 '1=그렇지 않다', '2=조금 그렇다', '3=그렇다', '4=매우 그렇다' 중 하나를 선택합니다.

- 국가기초학력지원센터/기초학력 학습자료/초등학교/학습준비도

  (https://k-basics.org/user/studyView.do?menuSeq=671&datadetailSeq=6184)

수리력 진단도구

기초학력지원센터에서는 초등, 중등 학생들의 기초학력 지원이 내실 있게 이루어질 수 있도록 〈수와 연산〉 영역을 중심으로 수리력 분야의 기초학력을 진단하고, 진단 결과에 따라 부족한 부분을 즉각적으로 학습하여 보정할 수 있도록 하는 학습자료를 개발하여 보급하고 있습니다. 이를 위해 〈수와 연산〉 영역의 성취기준을 분석하여 보다 세분화된 학습 주제로 재구성하고, 이를 토대로 5종의 핵심 요소별 진단 도구 및 학습자료를 탑재하여 현장에서 실질적으로 사용되도록 하였습니다. 개발된 진단 도구와 교수학습 자료를 활용하면 학습지원 대상 학생에게 맞춤형 개별화 학습지원이 좀 더 수월할 수 있습니다.

초등학교와 중학교는 '토닥토닥 수리력'이라는 진단 도구와 세분화된 영역별 진단 도구 및 학습자료가 탑재되어 있으며 교사용 가이드도 함께 제시되어 있습니다.

초등학교는 분수가 포함되는 3, 4학년을 대상으로 학습 상황과 일상생활에서 문제 상황을 해결하기 위해 〈수와 연산〉 영역 성취기준에 대한 기초학력 도달 여부를 파악하는 진단 도구가 개발되어 있고, 진단 결과에 따라 부족한 성취기준을 지도 및 지원하기 위한 교수학습자료를 함께 제시하고 있습니다. 또한 〈수와 연산〉 영역의 도달 수준이 어느 정도인지를 보다 세부적으로 분석하여 학습의 출발점을 파악하기 위한

진단 도구로 사용하기도 좋습니다. 또한 진단 도구와 연계된 학습자료를 짧은 영상 형식으로 개발하여 학습을 지원하며, 학습 결과를 확인하기 위한 확인 문항을 함께 탑재하여 실질적인 보정 학습이 이루어질 수 있도록 하고 있습니다.

〈수와 연산〉 영역의 성취기준을 세분화한 5개의 핵심요소는 수 감각(자연수), 수 감각(분수와 소수), 자연수의 덧셈과 뺄셈, 자연수의 곱셈과 나눗셈, 분수와 소수의 사칙계산으로 구분되어 있습니다.

초등학교 수리력 핵심요소별 진단 도구는 4장에서 다루어질 특수교육의 경계에 있는 학생의 진단 도구로도 유용합니다.

- 초등학교용 : 국가기초학력지원센터/기초학력 학습자료/초등학교/수학
  (https://k-basics.org/user/studyList.do?menuSeq=667)

- 중학교용 : 국가기초학력지원센터/기초학력 학습자료/중학교/수학
  (https://k-basics.org/user/studyList.do?menuSeq=674)

고등학교는 기초학력 향상을 위한 수학과 학습 프로그램이 〈수와 연산〉, 〈문자와 식〉 두 분야로 동영상 학습자료가 제시되어 있어 자기 주도 학습이 가능하도록 하였고 〈징검다리 수학〉은 고등학교 입문기 프로그램으로 중학교에서 후속되는 고등학교 교육에서 발생할 수 있는 수학 학습 부진 예방을 위한 수학과 교수·학습 자료를 핵심 주제별로 세분화하여 진단 도구와 교수학습자료를 함께 탑재하여 도움을 주고 있습니다.

- 고등학교용 : 국가기초학력지원센터/기초학력 학습자료/고등학교/수학
  (https://k-basics.org/user/studyList.do?menuSeq=681)

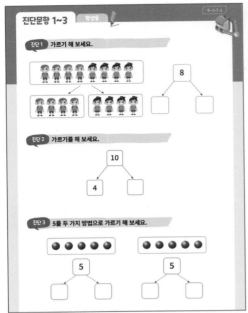

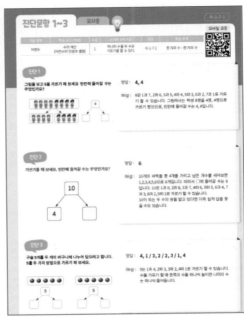

▲ 초등 수리력 수의 계산(자연수의 덧셈과 뺄셈)　　학생용 진단 도구와 교사용 해설지
(https://k-basics.org/user/studyList.do?menuSeq=681)

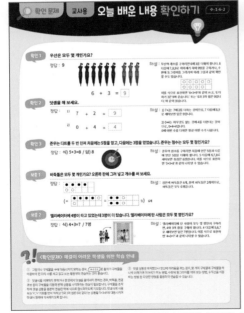

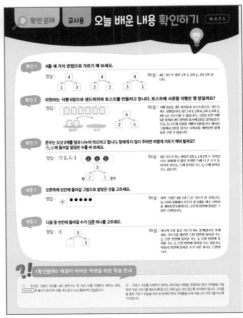

▲ 수리력 수의 계산(자연수의 덧셈과 뺄셈) 학생용 확인 문제와 교사용 해설지

정서 · 심리영역 검사 도구

학습지원 역량 진단 도구 (자기 인식 및 관계 능력 : 정서 · 심리 지원진단)

영역별 소견
학생이 가지고 있는 인지능력 중 어휘력의 측면에서 학습역량을 어느 정도 가지고 있는지, 학습어려움의 요소를 얼마나 많이 가지고 있는지를 나타냅니다.

어휘력

영역	수준별 판별 내용
고위험	어휘력이 또래에 비해 매우 낮으며 이로 인해 학습의 어려움을 경험하게 될 위험이 높습니다. 또래들에 비해 기초적인 어휘력이 부족합니다. 초등학생 고학년이 갖추어야할 어휘력이 부족한 상태일 수 있으므로 어휘력을 비롯한 기초학습능력을 배양시킬 필요가 있으며 보다 정확한 진단을 위해 심층적인 지적능력 측정도구를 이용하여 지적능력을 확인할 필요가 있습니다.
위험	어휘력이 낮으며 이로 인해 학습의 어려움을 경험하게 될 가능성이 있습니다. 또래들에 비해 어휘력이 약간 낮은 편이지만 개선을 위한 개입이 필요합니다. 어휘력 증진을 위해 기본적인 언어표현과 의미에 대한 이해능력을 향상시킬 수 있도록 도와줄 필요가 있습니다.
중	어휘력이 또래와 비슷한 수준인 학생입니다. 학교학습을 수행할 수 있는 기본적인 어휘력을 어느 정도 갖추고 있다고 볼 수 있지만 학습에 필요한 노력을 적절하게 기울이면 더 나은 성과를 거둘 수 있습니다. 또한 어휘력의 수준에 비해 낮은 성과를 거둘 수도 있으므로 격려를 통해 더 노력할 수 있도록 지원해줄 필요가 있습니다.
상	어휘력이 또래에 비해 높으며 학습에 필요한 기본적인 어휘력을 잘 구비하고 있습니다. 정의적인 측면에서 문제가 없다면 본인이 가지고 있는 어휘력을 잘 발휘해서 전반적으로 높은 학습성과를 거둘 수 있는 학생이므로 이러한 학습역량이 잘 발휘될 수 있도록 격려를 해주는 것이 좋습니다.

수리력
학생이 가지고 있는 인지능력 중 수리력의 측면에서 학습역량을 어느 정도 가지고 있는지, 학습어려움의 요소를 얼마나 많이 가지고 있는지를 나타냅니다.

영역	수준별 판별 내용
고위험	수리력이 또래에 비해 매우 낮으며 이로 인해 학습의 어려움을 경험하게 될 위험이 높습니다. 또래들에 비해 기초적인 연산능력이 부족할 가능성이 높습니다. 현재 시기에 이미 학습하고 있어야할 수리력이 부족한 상태일 수 있으므로 기초학습능력을 배양시킬 필요가 있으며 보다, 정확한 진단을 위해 심층적인 지적능력 측정도구를 이용하여 지적능력을 확인할 필요가 있습니다.
위험	수리력이 낮으며 이로 인해 학습의 어려움을 경험하게 될 가능성이 있습니다. 또래들에 비해 연산능력이 약간 낮은 편으로 연산능력을 높여야 합니다. 향후 학습부진을 예방하기 위해 수학의 기초적인 이해 및 계산과 연산의 연습을 도와줄 필요가 있습니다.
중	수리력이 또래와 비슷한 수준인 학생입니다. 학교학습을 수행할 수 있는 기본적인 연산능력을 어느 정도 갖추고 있다고 볼 수 있지만 학습에 필요한 노력을 적절하게 기울이면 더 나은 성과를 거둘 수 있는 반면 그렇지 않으면 자신의 수준에 비해 낮은 성과를 거둘 수도 있으므로 격려를 통해 더 노력할 수 있도록 지원해줄 필요가 있습니다.
상	수리력이 또래에 비해 높으며 학습에 필요한 기본적인 연산능력을 잘 구비하고 있습니다. 정의적인 측면에서 문제가 없다면 본인이 가지고 있는 능력을 잘 발휘해 관련 과목에서 학습성과를 거둘 수 있는 학생이므로 이러한 학습역량이 잘 발휘될 수 있도록 격려를 해주는 것이 좋습니다.

▲ 초등학교 학습역량검사 어휘력, 수리력 영역별 소견(수준별 판별 내용)

1) 학습역량검사(초등학생용)

학습역량검사는 학생이 경험하는 학습의 어려움에 대한 원인을 찾아보는 검사입니다.

본 검사를 통해 교사는 인지적 학습역량 영역인 어휘력, 수리력, 기억력 측면에서 학생이 겪는 학습 어려움에 대한 원인을 파악할 수 있으며, 검사 결과 진단된 원인에 맞추어 개별 학생의 지도 · 지원 전략을 세울 수 있습니다. 초등학교 2~3학년, 4~6학년용으로 제시되어 있으며 학생이 진단 대상이고 총 69문항에 약 22분의 검사 시간이 소요됩니다. 검사 소요시간이 정해져 있는 이유는 각 하위 검사 영역 당 검사 실시

시간이 제한되기 때문입니다. (어휘력(15문항/5분), 수리력(12문항/10분), 기억력(42문항/6분 15초)) 각 하위 요소별 검사 시간 준수가 필요한데 이는 본 검사가 학생의 인지적 학습역량 중 부족한 부분을 파악하는 데 목적이 있기 때문입니다. 학습역량에 대한 학생의 점수는 '상', '중', '위험', '고위험' 중 하나로 표시됩니다. '상'과 '중'의 경우 또래와 비슷하거나 우수한 학습역량을 지니고 있기 때문에 학생이 꾸준히 학습하고, 스스로 학습을 해 나갈 수 있도록 주위의 관심과 지원이 필요합니다. '위험'과 '고위험'의 경우 또래에 비해 다소 학습역량이 부족한 편이므로 별도의 부족한 학습역량에 대한 보충 지도가 필요하며, 특히 '고위험'의 경우는 보다 전문적인 진단이 필요할 수도 있으니 학교나 가정에서 세심한 관찰과 지도가 필요합니다.

이 검사는 선별을 위한 스크리닝 도구이며 개인 외(外)적인 상대비교로 결과가 나타납니다.

검사 결과지는 단순해 보이지만 3가지 영역에 단계별 결과마다 수준별 판별 내용이 나타나므로 이 부분에 주의를 기울여 해석이나 지원 프로그램을 구성할 도움을 받을 수 있습니다.

- 국가기초학력지원센터/진단도구/연계도구/초등학교/학습준비도
  (https://k-basics.org/user/TechPrimary2.do?menuSeq=645)

2) 학습역량검사(중학생용)

중학교 학습역량 검사 I 인지영역 결과지 샘플

검사일	2020-10-23

학교명	테스트중학교	학년/반/번호	2학년 3반 1번
이름	테스트	성별	남자

학습역량 검사 I 인지영역 결과

영역	상	중	위험	고위험
인지역량	●			

학습역량진단 결과해석

이 검사도구는 중학교 1학년의 학습역량을 진단하고 학습 위기요소를 확인하는 데 목적이 있습니다. 각 항목에 대한 다음의 내용을 참고하여 학습의 어려움을 경험할 가능성이 있는 학생의 학습역량과 위기를 해석하시면 됩니다. 학습역량에 대한 학생의 점수는 '상', '중', '위험', '고위험' 중의 하나로 표시되었습니다.

'상'과 '중'의 경우 또래와 비슷하거나 우수한 학습역량을 지니고 있기 때문에 학생이 꾸준히 학습하고, 스스로 학습을 해 나갈 수 있도록 주위의 관심과 지원이 필요합니다.

'위험'과 '고위험'의 경우 또래에 비해 다소 학습역량이 부족한 편이므로 별도의 부족한 학습역량에 대한 보충 지도가 필요하며, 특히 '고위험'의 경우는 보다 전문적인 진단이 필요할 수도 있으니 학교나 가정에서 세심한 관찰과 지도가 필요합니다.

영역별 소견

학생이 가지고 있는 인지능력의 측면에서 학습역량을 어느 정도 가지고 있는지, 학습부진의 요소를 얼마나 많이 가지고 있는지를 나타냅니다.

인지역량

영역	수준별 판별 내용
고위험	어휘, 수리, 기억능력이 또래에 비해 매우 낮으며 이로 인해 학습의 어려움을 경험할 위험이 높습니다. 또래들에 비해 기초적인 어휘능력, 연산능력이 부족하며 단기기억의 문제로 인해 주의력이 낮을 가능성이 높습니다. 초등학생 때 이미 학습하고 있어야 할 인지능력이 부족한 상태일 수 있으므로 기초학습능력을 배양시킬 필요가 있으며 보다 정확한 진단을 위해 심층적인 지적능력 측정도구를 이용하여 지적능력을 확인할 필요가 있습니다.
위험	어휘, 수리, 기억능력이 낮으며 이로 인해 학습의 어려움을 경험할 가능성이 있습니다. 또래들에 비해 어휘능력과 연산능력이 약간 낮은 편이며 단기기억의 문제로 인해 주의력이 다소 낮을 가능성이 있습니다. 기본적인 언어표현과 의미 이해능력을 증진시켜 주어야 하며 수학의 기초적인 이해 및 계산과 연산의 연습을 도와줄 필요가 있습니다.
중	어휘, 수리, 기억능력이 또래와 비슷한 수준인 학생입니다. 학교학습을 수행할 수 있는 기본적인 지적능력을 어느 정도 갖추고 있다고 볼 수 있지만 학습에 필요한 노력을 적절하게 기울이면 더 나은 성과를 거둘 수 있는 반면 그렇지 않으면 지적능력의 수준에 비해 낮은 성과를 거둘 수도 있으므로 격려를 통해 더 노력할 수 있도록 지원해줄 필요가 있습니다.
상	어휘, 수리, 기억능력이 또래에 비해 높으며 학습에 필요한 기본적인 지적능력을 잘 구비하고 있습니다. 정의적인 측면에서 문제가 없다면 본인이 가지고 있는 지적능력을 잘 발휘해서 소기의 학습성과를 거둘 수 있는 학생이므로 그러한 학습역량이 잘 발휘될 수 있도록 격려를 해주는 것이 좋습니다.

▲ 예 중학교 학습역량검사 인지역량 소견(수준별 판별 내용)

초등학생용과 검사도구명은 같으나 별도로 설명 드리는 이유는 중학생용은 2개의 파트로 나누어 Ⅰ인지 영역과 Ⅱ정서행동환경 영역으로 검사를 실시하기 때문입니다. 초등학생용 학습 역량검사와 같은 구성으로 이루어져 있는 부분은 Ⅰ인지영역입니다.

초등학생의 학습역량 검사와 같은 목적을 두고 있으며 검사 하위요소별 시간 구성은 총 23문항 (약 9분)이며 어휘력 12문항 (2분 30초분) / 수리력 8문항 (4분) / 기억력 3문항_연습문제3문항 (2분 20초)으로 검사 시간을 준수해야 합니다.

온라인, 오프라인으로 모두 검사가 가능합니다. 초등학생용과 마찬가지로 온라인은 하위요소별 검사가 자동으로 체크되며 일정한 검사 시간이 지나면 자동으로 다음 단계 검사로 넘어가도록 되어 있습니다. 하지만 오프라인 검사로 실시한다면 교사가 시간을 체크해야 하는 번거로움이 있습니다. 중학생용은 초등학생용과 다르게 하위요소별로 결과 내용이 도출되는 것이 아닌, 인지영역으로 하위요소가 통합되어 결과지가 생성됩니다.

- 국가기초학력지원센터/진단도구/연계도구/중학교/학습준비도

  (https://k-basics.org/user/TechMiddle3.do?menuSeq=645)

아래와 같이 학습역량검사를 실시한 결과를 예시로 살펴보면 개별 학생들의 성적에 관계없이 하위요소 중 어휘력, 수리력과 비교하여 기억력의 수준이 대부분 가장 낮게 나옵니다. 실시 환경에 시간제한이 있어 불안해하고 낯선 환경에 당황하는 것도 있지만 단기 기억을 암기하는 전략의 활용이 거의 없다는 점도 시사합니다.

▲ 예 학습역량 검사 결과 사례

3) 사회정서역량검사(초등학생용)

기초학력지원센터에서 가장 최근에 개발되어 업데이트된 진단도구입니다. 평범한 학생들도 사회관계 맺기에 소극적이거나 자신을 드러내는 표현에 자신감이 없고 내성적인 경우도 있으나 학습지원 대상 학생은 선천적으로 적극적이고 활발하던 아이였음에도 불구하고 입학 후 성적으로 인한 부정적인 피드백을 자주 받는 상황에 거듭 노출되면 주눅이 들고 자신감을 서서히 잃어버리게 되며 듣고 읽는 역량은 있더라도 말하기나 쓰기 등 언어 표현 능력이 또래에 맞지 않게 되는 경우도 종종 있어 또래에게 따돌림을 받는 상황이 될 수도 있습니다.

각각 학생들의 사회정서를 맺어가는 내재된 역량을 측정함으로써 아이를 깊게 살펴보기에 시간적으로 부족한 학년 초에 학생들을 파악하고 3월 말에서 4월 초에 이루어지는 학부모 상담 때 "우리 아이 친구가 있나요? 잘 사귀나요?"라는 학부모의 질문에 답할 객관적인 근거자료가 생기게 되는 것입니다.

초등학교 1~2학년용은 교사용과 학부모용 관찰 진단 도구가 준비되어 있으며 3~6학년은 학생 자기보고용, 교사용, 학부모용 관찰 진단 도구가 준비되어 있습니다. 교사가 반의 학생들을 모두 개별 진단검사에 임하기는 시간적 여유가 없는 경우가 많으므로 1~2학년은 학년 초 학부모 상담 때나 그 전에 학부모님이 가정에서 회원 가입하여 매칭된 자녀에 대한 검사를 온라인으로 하실 수 있고 학부모가 임하신 검사결과를 교사와 피검자인 학부모가 살펴볼 수 있습니다.

사회정서역량은 3개월 이상 학생을 관찰한 교사와 주양육자가 검사에 임하여야 하므로 학년 초에는 학부모와 학생의 자기 보고식 진단검사만 실시하고 1학기 중이나 2학기 초 쯤에 자기 인식 및 대인 관계에 의심이 보이는 학생만 교사가 진단할 수 있습니다. 당연히 초등학교 1~2학년용은 학년 초에는 학부모 진단만 실시가 가능하고 학생과 3개월 정도 함께 보낸 후 교사는 사회성이 우려되는 학생만 진단해볼 수 있습니다. 이 검사 또한 온라인, 오프라인 모두 가능합니다. 진단검사 결과에 따라 학생의 약점을 보완하고 강점을 더 강하게 만들 수 있는 지원·지도 프로그램이 즉시 연계되도록 결과지에 구성되어 있습니다.

영역	지도 방향
정서 인식 및 조절하기	학생이 자신의 감정을 적절하게 조절하고 표현하는 연습을 다양하게 해볼 수 있는 학습 기회를 마련해주고, 잘할 때는 격려해 주세요.
자기관리하기	학생이 교실에서 스스로 계획을 세우고 수행과정을 관리하는 경험을 해볼 수 있도록 여러 기회를 제공해주세요.
공감하기	수업시간에 여러 활동을 통해 학생이 다른 사람의 입장에서 생각해보고 그 사람이 필요로 하는 것이 무엇인지 찾는 연습할 수 있도록 기회를 많이 마련해주세요. 특히 공감하고 배려하려는 학급 분위기 조성은 학생이 대인관계를 기술을 잘 습득하는 데 도움이 됩니다.
긍정적 관계 맺기	다른 사람과 갈등이 생겼을 때 현명하게 해결할 수 있는 방법이나 어려운 상황에서 도움을 주고받는 방법에 대한 예방적 지도는 학생이 대인관계를 유지하고 발전시키는 데도 도움이 됩니다.
책임있는 행동하기	자신의 행동이 어떤 결과를 낳을지 신중하게 생각하고 결정을 내릴 수 있도록 돕는 절차(의사 결정 3단계/5단계 등)를 가르치는 것은 책임감 있게 행동하는 능력을 기르는 데 효과적인 방법입니다. 학생이 이러한 절차를 익힐 수 있도록 다양한 학습 기회를 마련해주세요.

○ 사회정서역량 신장을 위한 영역별 온라인 콘텐츠

사회정서역량 신장을 위한 영역별 온라인 콘텐츠

정서 인식 및 조절하기	자기관리하기	공감하기	긍정적 관계 맺기	책임있는 행동하기
📄 보기	📄 보기	📄 보기	📄 보기	📄 보기

▲ 사회정서역량검사 결과 역량 신장 영역별 연계 온라인 콘텐츠

- 국가기초학력지원센터/진단도구/초등학교/학습준비도

(https://k-basics.org/user/diagnosisTool.do?menuSeq=645&datadetailSeq=6293)

학습유형검사(초등학교, 중학교용)

검사 대상은 초 4 ~ 6학년 까지이고 학생의 학습 동기, 조절능력, 학습 행동을 진단하는 검사입니다.

검사결과를 통해 학생은 효과적인 학습방법을 학습할 수 있고, 선생님은 학생 특성에 적합한 맞춤형 지도 및 프로그램 운영을 하실 수 있습니다. 학습유형검사는 상대적 비교가 아니라 개인 내(內)의 학습 동기의 정도와 자기조절능력을 기준으로 1유형(노력형), 2유형(동기형), 3유형(조절형), 4유형(행동형)으로 분류되며 2유형, 3유형, 4

유형 학생에게는 보다 주의 깊은 관심이 필요합니다. 그렇다고 모든 학습지원 대상 학생이 2, 3, 4유형으로만 나타나는 것이 아니며 1유형으로도 결과가 나올 수 있고, 실제로 학업성취 결과가 좋은 학생도 2, 3, 4유형으로 나타날 수 있어 교사의 관찰 평가도 함께 참고하여야 좀 더 정확한 진단 결과가 도출될 수 있습니다. 검사결과는 위기요소, 유형, 학습 행동의 3가지 정보로 구성되며, 지도·지원을 통해 변화 가능한 주요영역인 학습 동기, 자기통제, 학습 행동을 측정하는 데 진단 목적이 있습니다.

초등학교의 검사 구성은 크게 두 가지로 나뉘어져 있어 학습유형 검사에 학습 동기(20문항), 자기통제(20문항), 학습 행동(20문항)으로, 학생의 기본정보 및 위기요소 파악의 하위 영역으로 환경 차원(5항목), 개인 차원(4항목)으로 총 60문항으로 되어 있습니다. 검사 시간의 제한은 별도로 없으며 진단 방법은 온라인, 오프라인 검사 둘 다 가능합니다.

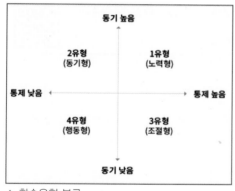

▲ 학습유형 분류

1유형(노력형) : 학습 동기와 자기통제능력이 모두 우수한 학생

2유형(동기형) : 학습 동기가 높은 반면 자기 통제성이 낮은 학생

3유형(조절형): 학습 동기는 낮으나 자기 통제성이 높은 학생

4유형(행동형): 학습 동기와 자기통제성이 모두 낮은 학생

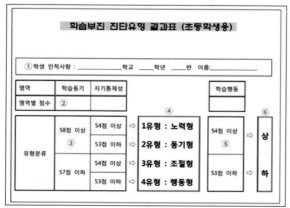

▲ 학습부진유형 결과표와 학습행동 기준점수

1유형(노력형) : 학습 동기가 58점 이상이고 자기통제성이 54점 이상

2유형(동기형) : 학습 동기가 58점 이상이고 자기통제성이 53점 이하

3유형(조절형): 학습동기가 57점 이하이고 자기통제성이 54점 이상

4유형(행동형): 학습동기가 57점 이하이고 자기통제성이 53점 이하

학습행동 기준점수	상 : 54점 이상
	하 : 53점 이하

학습유형 진단 결과, 학습유형별 처방패키지와 학습지원 안내자료, 학습코칭을 위한 동기 향상 프로그램 등이 '바로가기' 버튼을 통해 즉시 연계 지원할 수 있도록 구성되어 있습니다. 검사 실시 방법은 실시 요강이 함께 탑재되어 있으므로 활용할 수 있습니다.

검사결과 활용자료	
학습유형별 처방패키지	⎇ 바로가기
학습부진유형별 학습지원 안내자료	⎇ 바로가기
초등학교 학습코칭 동기향상 프로그램	⎇ 바로가기

▲ 학습유형 진단 결과에 따른 지원 프로그램 소개

- 초등학교용: 국가기초학력지원센터/진단도구/연계도구/초등학교/학습준비도
  (https://k-basics.org/user/TechPrimary1.do?menuSeq=645)

중학생용 학습유형검사는 모든 사항이 초등학교 학습유형 검사와 유사하며 다만, 적용 대상이 중1~3학년이고, 각 하위 영역은 같지만 검사 문항 내용이 초등학생용과 다릅니다.

초등학교용이나 중학교용 모두 면담 및 검사 결과는 위기요소, 유형, 학습행동의 3가지 정보로 구성됩니다. 예를 들면 '부모 무관심 및 인터넷중독 + 동기형 + (학습행동)주의집중부족'과 같은 형식으로 진단됩니다. 이 중 온라인 검사 해석지에는 유형과 학습행동에 대한 결과만 제공되며, 위기 요소에 대한 결과 해석은 '학습유형검사 교사용 지침서'를 참고할 수 있습니다. 자세한 사항은 실시 요강에 모두 실려 있으므로 진단 검사 전과 검사 후, 결과 해석 시 참고하면 됩니다.

- 중학교용 : 국가기초학력지원센터/진단도구/연계도구/중학교/학습준비도
  (https://k-basics.org/user/diagnosisList.do?menuSeq=647)

학습저해요인 검사

1) 초등학교용

본 검사는 초등학교용만 개발되어 있습니다. 검사명 그대로 학습에 저해가 되는 요인을 가려내기 위한 검사입니다.

대상은 초4~6학년이며 학습저해요인 진단 검사는 학생의 학습부진 원인을 찾아보는 검사이고 본 검사를 통해 교사는 인지, 동기, 행동, 환경적 측면에서 학생의 학습부진 원인이 되는 요소를 파악할 수 있습니다. 검사결과 진단된 학습 부진의 원인에 맞추어 개별 학생의 지도 지원전략을 세울 수 있으며 아쉽게도 온라인 검사만 가능합니다. 검사 시간 제한은 별도로 없습니다.

인지적 영역 : 인지전략, 상위인지전략
정의적 영역 : 자아존중감, 시험자신감, 학습의욕
행동적 영역 : 자기행동조절, 자기학습관리, 학습이해확인
환경적 영역 : 교사지지, 부모지지, 또래지지, 교실학습환경

▲ 학습저해요인검사 대영역과 중영역 구성

본 검사는 전국의 학습지원 대상 학생으로 이루어졌으며, 본 검사를 실시하는 학생의 영역별 점수를 전국의 학습지원 대상 학생과 비교하여 상대적인 위치를 파악하는데 목적이 있습니다.

본 검사의 결과는 4가지 대영역인 인지적 영역, 정의적 영역, 행동적 영역, 환경적 영역과 12가지 중영역으로 구분되며, '매우 못함-못함-보통-잘함-매우 잘함'으로 구분하여 결과지가 제시됩니다. 학생이 진단한 결과를 원점수로 취합하고 상대적 위치를 T점수로 환산하여 또래 평균을 50으로 놓고 T점수가 60점 이상이면 평균 이상, T점수가 40점 이하이면 평균보다 아래라고 보시면 됩니다. 결과 해석을 확인한 후 학생별 지도 · 지원 전략을 계획하고 실행하는데 도움을 받을 수 있습니다. 이 검사 또한 실시 요강이 함께 제시되어 있고 결과지에 교사와 주양육자에게 주는 도움말이 나타납니다. 온라인으로만 실시가 가능하기 때문에 피검자인 학생이 컴퓨터로 검사에 임할 수 있는지 제반 사항을 미리 점검해야 합니다.

- 초등학교용 : 국가기초학력지원센터/진단도구/연계도구/초등학교/학습준비도
  (https://k-basics.org/user/diagnosisDetail.do?menuSeq=645&diagSeq=7)

---

2) 학습역량검사 中, Ⅱ정서행동환경영역(중학교용)

초등학교의 학습저해요인검사와 유사한 검사로 앞서 소개한 중학교용 학습역량검사의 두 번째 영역인 Ⅱ정서행동환경영역을 들 수 있습니다.

중학교 1학년이 실시 대상이고 온라인, 오프라인 검사 모두 가능하며 시간 제한은 없습니다. 2가지 대영역과 9가지 중영역으로 짜여져 정서 행동 영역은 학습 동기(15문항), 자기통제(13문항), 정서 위기(우울6문항/불안6문항), 수업 태도(5문항), 인지전략(5문항), 초인지 전략(5문항)로, 환경영역은 시간 관리(5문항), 환경관리(5문항), 환경위기(5문항)로 총 70문항으로 구성되어 있습니다.

본 검사는 학생의 정서행동 환경영역 중 부족한 부분을 파악하는 데 목적이 있습니다.

검사 결과는 '고위험', '위험', '중', '상'으로 표시되며 '고위험', '위험'으로 판정된 학생에게는 보다 주의 깊은 관심이 필요합니다. 이 검사 또한 하위요인별 결과 해석을 확인한 후, 학생별 지도·지원 전략 계획 및 실행이 가능합니다. 실시 요강에는 담당교사의 직접적인 해석이 가장 효과적이며 이를 바탕으로 학생이나 주양육자에게 상담자료로 활용하면 좋다고 조언하므로 검사 전, 후 모두 실시 요강을 꼭 참고하면 좋겠습니다.

- 국가기초학력지원센터/진단도구/연계도구/중학교/학습준비도
  (https://k-basics.org/user/TechMiddle4.do?menuSeq=645)

정서행동환경검사(EBEQ)(초등학교, 중학교용)

제가 심리정서 진단도구 중 가장 오랫동안 도움을 받고 있는 자료를 소개하자면 학습저해요인진단검사와 바로 정서행동환경검사입니다. 최근에는 사회정서역량검사까지 시행하여 함께 분석을 하지만 학년 초 아이들을 처음 만나 적응하기 전, 정서 진단까지 시간 확보가 어렵다면 심리 정서 진단검사로는 앞서 언급한 두 가지를 꼭 추천하고 싶습니다. 그만큼 검사량은 적지만 우리에게 주는 정보는 그에 비해 많기 때문입니다.

초등학교 4학년 ~ 6학년 학생을 대상으로하는 정서행동환경검사(EBEQ)도구입니다. 온라인, 오프라인으로 검사 가능합니다.

학생 정서행동환경검사(EBEQ)는 학생의 정서(학습의지, 분노, 불안), 행동(학습관리, 행동조절), 환경(가정, 교우관계, 교사) 세 영역의 수준을 진단하는 검사입니다.

검사결과를 통해 학생과 주양육자는 본인의 정서, 행동, 환경과 관련한 현 상황을 이해할 수 있고, 선생님은 학생 특성에 알맞은 지도 방안 마련 및 프로그램 운영에 참조하실 수 있습니다.

검사 구성은 1차 체크리스트 총 24문항, 2차 진단검사 총 68문항으로 되어 있으며 시간제한은 없습니다. 검사 안내에는 1차 체크리스트 결과 초등학생의 경우 79점 이하의 학생은 2차 진단검사 진행을 권유한다고 했지만 1차 체크리스트는 우리에게 주는 정보가 너무 없으므로 1차 체크리스트는 실시하지 않고 바로 2차 진단검사를 학생 전체가 임하면 더 좋습니다. 모든 하위 요인에 대해 수준은 '상'과 '하'로 분류되어 결과가 나타납니다. '하'로 분류된 학생에게는 보다 주의 깊은 관심이 필요합니다.

중학교용은 중1~3학년까지 실시 대상이며 모든 사항은 초등학교용과 동일하지만 1차 체크리스트 결과 중학생의 경우 76점 이하의 학생을 2차 진단검사 진행으로 권유하고 있다는 면만 다릅니다.

이 검사는 실시 후 결과가 매우 안 좋을 경우, 심층 검사지를 소개 연계하고 있습니다.

1차 체크리스트	
검사지 다운로드	📄 다운로드
채점표 다운로드	📄 다운로드

2차 진단검사	
학생용 검사 실시	↗ 둘러보기
검사지 다운로드	📄 다운로드
검사 결과등록	↗ 바로가기

관련 심층 검사지 소개	
KICE 제공	📄 다운로드
서울학습도움센터 제공	📄 다운로드

▲ 정서행동환경검사 관련 심층 검사지 소개 안내

- 초등학교용 : 국가기초학력지원센터/진단도구/연계도구/초등학교/학습준비도

  (https://k-basics.org/user/TechPrimary4.do?menuSeq=645)

- 중학교용 : 국가기초학력지원센터/진단도구/연계도구/중학교/학습준비도

  (https://k-basics.org/user/TechMiddle2.do?menuSeq=645)

수학 학습 동기 검사

초등학교 4~6학년까지 검사 대상이며 총 32문항으로 구성되어 있습니다. 수학 교과에 대한 학습 동기를 신뢰도 높고 타당하게 진단할 수 있는 검사입니다. 이 검사의 결과는 초등학생의 부모와 이들을 지도하는 교사, 학부모, 그리고 교과교육 연구자 및 교육학자 분들께 널리 활용될 수 있습니다. 본 검사는 수학 학습동기에 대한 검사로

무동기(4문항), 외재 동기(17문항), 내재 동기(11문항)의 수준을 파악하고 학생의 동기 유형과 수준을 종합적으로 진단하는 것이 목적입니다.

검사 결과는 동기유형(하위요인)별로 '매우 강함–약간 강함–보통–낮음–매우 낮음'으로 구분되며 학생의 가장 높은 수학 학습동기 유형을 확인할 수 있습니다. 동기 유형이 '낮음' 또는 '매우 낮음'으로 분류된 학생에게는 보다 주의 깊은 관심이 필요합니다. 수학 학습동기 검사 결과 해석을 확인한 후 학생별 지도·지원 전략 계획 및 실행이 가능합니다. 다만 아쉬운 점은 온라인 검사만 가능하여 검사 전 학생이 검사에 임할 온라인 상황을 먼저 점검해볼 필요가 있습니다.

이 검사는 초등학교만 가능합니다. 모두 검사에 임할 필요는 없으며 수학 교과에 어려움을 겪고 있거나 성적과 관계없이 수학을 싫어하는 학생들에게 시행해볼 만한 검사 도구입니다.

- 초등학교용 : 국가기초학력지원센터/진단도구/연계도구/초등학교/학습준비도
  (https://k-basics.org/user/diagnosisTool.do?menuSeq=645&datadetailSeq=6296)

사회 학습 동기 검사

수학 학습 동기 검사와 유사하며 본 검사는 사회 교과에 대한 학습 동기를 신뢰도 높고 타당하게 진단할 수 있는 검사입니다.

초등학교 사회는 지리, 일반사회, 역사 과목을 모두 포함하고 있으므로 사회 학습 동기 검사는 지리, 일반사회, 역사 과목을 포함한 사회 교과에 대한 학습 동기를 측정하는 검사입니다.

이 검사의 결과는 초등학생의 부모와 이들을 지도하는 교사, 학부모, 그리고 교과교육 연구자 및 교육학자 분들께 널리 활용될 수 있는 것으로 밝히고 있어 타당도와 신뢰도가

있음을 나타내고 있습니다. 초등학교 4~6학년까지 검사 실시 대상이며 본 검사는 사회 학습 동기에 대한 검사로 무동기(4문항), 외재 동기(17문항), 내재 동기(11문항)의 수준을 파악하고 학생의 동기유형과 수준을 종합적으로 진단하는 것이 목적입니다.

검사 결과는 동기유형(하위요인)별로 '매우 강함-약간 강함-보통-낮음-매우 낮음'으로 구분되며 학생의 가장 높은 사회 학습동기 유형을 확인할 수 있습니다. 동기 유형이 '낮음' 또는 '매우 낮음'으로 분류된 학생에게는 보다 주의 깊은 관심이 필요합니다. 사회 교과에 대해 단순히 암기하는 과목으로 인식하여 싫어하거나 사회 교과에 대한 어려움을 보이는 학생들이 실시 대상입니다. 온라인만 가능하여 역시 검사에 응할 수 있는 제반 여건을 미리 살펴보는 것이 중요합니다.

• 초등학교용 : 국가기초학력지원센터/진단도구/연계도구/초등학교/학습준비도
(https://k-basics.org/user/diagnosisTool.do?menuSeq=645&datadetailSeq=6296)

※2024년부터 아쉽게도 수학학습동기검사, 사회학습동기검사는 폐기되었습니다. 2024년 내 '교과학습 동기검사'로 연구·개발되어 탑재될 예정입니다.

학교생활 적응도 검사

학교생활 적응도 검사는 학교생활 적응도를 체계적이고 타당하게 진단할 수 있는 검사입니다.

아동의 학교생활 적응도를 객관적으로 평가하여 생활지도나 학습지도 장면에서 쉽게 활용할 수 있도록 하는데 목적이 있으며 검사 결과를 통해 학교생활 적응도를 다면적이고 객관적으로 평가하여 적절한 개입을 위해 필요한 기초 자료를 확보할 수 있습니다.

실시 대상은 초등학교 4~6학년까지이며 온라인 검사만 가능합니다.

검사 결과는 수업 및 규칙 적응(19문항), 교사 적응(10문항), 친구 적응(9문항)으로 구분되며 총점에 대한 진단을 통해 일반적인 초등학교 4~6학년들과 비교할 수 있습

니다. 학교생활 적응도 검사는 결과 해석을 확인한 후 학생별 지도·지원 전략 계획 및 실행을 할 수 있습니다. 학교나 교실, 조직, 단체 생활에 어려움을 나타내고 부적응을 보이는 학생들에게 실시하여 원인을 찾아내는 데 유용한 검사입니다.

> • 초등학교용 : 국가기초학력지원센터/진단도구/연계도구/초등학교/학습준비도
> (https://k-basics.org/user/diagnosisList.do?menuSeq=655)

자기조절 학습검사(고등학교용)

고등학교 1학년 ~ 3학년 학생을 대상으로 하는 자기조절 학습검사도구입니다. 대입을 앞둔 고등학생용으로 개발되어 있는 무료 표준화 검사는 드물며 학습 부진을 도와주기에 너무 늦은 시기라 판단하여 학습지원 대상 학생도 고등학교 1학년 정도로 제한하는 것이 현실입니다. 그래도 자기주도 학습력은 반드시 길러야 하는 능력이므로 자기조절 학습검사는 실시 대상이 고등학교 3학년까지입니다.

자기조절 학습검사는 효과적인 학습을 수행하기 위한 인지, 동기, 행동을 적극적으로 조절하는 자기주도적 학습능력을 진단할 수 있는 검사입니다.

자기주도적 학습능력의 정도를 파악하고 학습 과정에 있어 자기조절이 부족한 측면과 그렇지 않는 측면들을 확인하여 적절히 학습능력을 조절하는데 목적이 있으며 교사가 학업 상담 시 보다 효율적으로 학습지도를 할 수 있도록 도움을 주고, 나아가 교육적 효과성을 평가할 수 있는 준거를 제공해주며 또한 연구자들이 교육 및 심리연구의 검사 도구로 활용할 수 있습니다. 총 64문항으로 온라인 검사만 가능합니다.

본 검사는 자기조절학습 능력을 온라인에서 객관적으로 측정하고 진단하는 데 목적이 있으며 중영역인 인지조절에 하위영역으로 인지전략의 활용(8문항), 메타인지전

략의 활용(8문항), 중영역 동기조절에 하위영역인 숙달목적지향성(8문항), 자아효능감(8문항), 성취가치(8문항), 중영역으로 행동조절에 행동통제(8문항), 학업시간의 관리(8문항), 도움구하기(8문항)로 구성하여 3가지 중영역에 하위영역 8가지로 구성이 되어 있습니다.

검사 결과는 인지조절(인지전략의 활용, 메타인지전략의 활용), 동기조절(숙달목적지향성, 자아효능감, 성취가치), 행동조절(행동통제, 학업시간의 관리, 도움구하기)로 구성되며, '매우 우수', '우수', '보통', '부족', '매우 부족'으로 분류되고 '부족'과 '매우 부족'의 학생에게는 보다 주의 깊은 관심이 필요합니다.

인지영역은 인지조절의 인지전략과 초인지전략을 검사하고 심리정서적 영역으로 동기조절과 행동조절을 중영역으로 구성하여 자기주도 학습력을 측정하도록 하였습니다.

고등학생인데도 불구하고 시간 투자 대비 성적이 잘 오르지 않는 학생, 인지 능력이 좋음에도 공부에 열정이 부족해 보이는 학생들 대상으로 실시해 볼 필요가 있는 검사 도구입니다.

고등학생의 경우, 학습 인지 진단의 영역이 중점 영역이며 심리·정서 영역은 중영역으로 포함 시켜 대입을 앞둔 학생들에게 좀 더 학습 면에 치중하여 학습 전략이나 동기조절 전략을 강조하였습니다. 모든 학생에게 도움이 되는 검사지만 특히 학습지원 대상 학생의 학습 설계를 위한 인지 및 초인지 전략의 사용 유무, 학업 시간 관리 등을 다루어주므로 학습 준비도의 수준을 알아볼 수 있는 진단검사라 할 수 있겠습니다.

> • 고등학교용 : 국가기초학력지원센터/진단도구/연계도구/고등학교/학습준비도
> (https://k-basics.org/user/diagnosisList.do?menuSeq=662)
>

※ 숙달목표지향성이란? 자신의 유능함을 발전시키거나 과제 수행 과정 자체를 숙달시키는데 목표를 두는 것

Q1 진단결과 해석이 중요할 것 같은데 해석은 어떻게 하고 이를 어떻게 적용하는 것이 좋을까요?

해석은 간단하게 설명하긴 어렵습니다. 그래도 꼭 답변을 하자면 검사에 임하는 학생(피검자)의 강점과 약점을 여러가지 진단 결과를 통해 공통점으로 찾아내는 활동입니다. 별로 어렵지 않습니다. 결과 자체가 비교하기 좋은 평균값, T점수나 상, 중, 하 단계별로 도출되기 때문에 공통 영역별로 묶는 팁만 본 저서에서 가져가시면 심리검사에 비전문가인 현장의 교사들도 누구나 하실 수 있습니다.

Q2 국가기초학력지원센터를 활용한 진단은 표준화된 검사결과인가요?

국가기초학력지원센터에 탑재되어 있는 검사도구들은 모두 무료이며 표준화검사입니다. 테스트와 표집 집단을 통해 표준화 점수를 확보한 검사지이므로 결과를 신뢰하셔도 됩니다.

Q3 각종 검사 결과가 수치나 상,중,하 등으로 나타나는 결과 수치로 상담하는 것과 그냥 교사가 수시 관찰하거나 학생의 행동 등을 기록한 기록물을 근거로 학부모나 학생을 상담하는 것과 차이가 무엇일까요?

우리 나라 학부모님들의 공교육이나 담임교사에 대한 신뢰도가 많이 낮다는 통계도 있지만 학습부진학생들을 자녀로 두신 학부모님들은 더더욱 학교에 대해 긍정적인 생각을 못하시는 경우가 많습니다. 특히 3월 말, 학생들과 아직 익숙하지 않은 상황에 학부모 상담은 교사나 학부모 모두에게 부담이 되는 일정입니다. 아무리 1학기엔 학부모님들께 아이의 정보를 얻는 상담이라 하더라도 학부모님들은 우리 담임이 우리 아이에 대해 얼마나 관심을 가지고 있는지를 신경쓸 수 밖에 없습니다. 그런 상황에서 교사의 주관적인 학생 행동 관찰은 양과 질적인 면에서 부모님의 욕구와 기대를 채울 가능성이 매우 희박합니다. 그러므로 학생 자기보고형 진단에서 주어지는 객관적인 수치적 데이터를 가지고 분석한 후, 분석결과를 가지고 상담에 임하게 되면 학부모님들의 공교육과 담임교사에 대해 신뢰도도 높아지며 꺼려지는 개인적 사정까지 담임교사에게 정보로 알려주십니다. 또한 교사 입장에서는 주관적인 관찰이 아니라 객관적인 수치로 상담하게 되어 학부모님에게 불필요한 선입견이나 오해를 받는 민원의 폐해를 미연에 방지할 수 있습니다.

에듀테크를 활용한 학부모 상담주간 운영 만족도 조사 결과

학부모 상담 때 학생들 진단검사 결과지를 출력하여 객관적인 데이터를 기반으로 개인별 상담을 진행하였습니다. 일반적으로 1학기 3~4월에 이루어지는 상담은 주양육자에게 학생의 정보를 듣는 시기라고 생각하시지만 학습부진이라는 타이틀을 가지고 있는 학생의 부모님은 쉽게 학생의 정보를 주시지 못합니다. 다양한 원인이 있겠지만 대부분 학교로부터 부정적인 피드백이 많았던 관계로 마음 문을 닫아버리신 경우가 많아서 그렇다라고 보입니다. 이때 필요한 것이 객관적인 데이터이며 이를 기초로 상담을 진행하면 학부모님들의 마음을 좀 더 열리게 하고 학생의 정보를 보다 수월하게, 편견 없이 얻게 됩니다.

아래는 2023년 1학기 학부모 상담 주간 운영 후 상담 만족도에 대한 설문결과입니다.

물론 각종 진단검사 결과를 개인별로 분석하여 설명을 드렸고 학부모들께 학생들의 추가 정보를 얻은 상담과정이었습니다.

이 설문은 HiClass 에듀테크 설문·투표 기능을 활용하여 작성하였습니다.

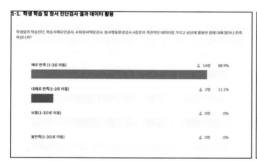

더 자세한 학부모님의 반응이 궁금하시다면,
앤써북 책 전용 게시판의 "에듀테크로 확! 잡는 기초학력 책 소스 및 정오표" 게시글 속에서 "학부모상담설문결과.zip" 파일을 다운로드 받아 확인합니다.
앤써북 공식 카페 책 전용 게시판 https://cafe.naver.com/answerbook/5799

바로가기 QR코드

제3장

검사 도구를 이용한
해석과 실제 사례

검사 결과를 분석하고 해석하는 실제 사례를 다룹니다. 먼저, 탑재되어있는 테스트 결과를 가지고 분석을 시도하고 이후 저자가 담임했던 학생들을 진단 후 결과를 분석하여 해석한 내용을 실었습니다. 도움을 드리고자 여러 가지 진단 검사를 엮어 분석하려고 의도했습니다.

분석한 내용과 그래프를 함께 살펴보시면 실제적으로 사용하실 때 더욱 도움이 되실겁니다.

1~3장 中 하이라이트, 검사 결과를 분석하는 방법을 알려드리도록 하겠습니다. 미리 알려드리는 바, 물론 이 방법이 정답도 아니며 해석하고 분석하는 방법은 검사 실시자의 목적과 수행과정 등이 중요한 요인이 되겠으나 저자가 15년 이상 현장에서 기초학력에 대해 고민하고 무료 표준화 검사를 매년 실시하다 보니 좀 더 효과적이고 확실한 도움을 얻고 싶어 이리 저리 방법을 연구한 끝에 얻어낸 결과물입니다. 이렇게 분석하고 해석하여 결과를 학부모 상담이나 피검자 본인인 학생과 1:1 상담을 통해 알렸을 때 분석한 결과가 허상이 아님을 확인하였고 그에 따른 지원, 지도 프로그램을 투입했을 때 적지 않은 효과로 결실을 맺어 혼자 알고 있기엔 너무 아쉬워 이 책을 보시는 많은 분과 공유해보고자 본 도서에 실어봅니다. 임상 사례로만 쳐도 학부모, 학생까지 총 600여 건 이상은 될 것 같습니다. 적용해보시고 더 좋은 대안이 있으시거나 아이디어가 번뜩이셔서 언제든지 연락하신다면 저에게도 큰 도움이 되겠습니다.

먼저 국가기초학력지원센터의 다양한 검사의 테스트용 결과지로 분석 방법을 설명드리고, 실제 학생들의 결과를 가지고 분석 연습을 해보겠습니다.

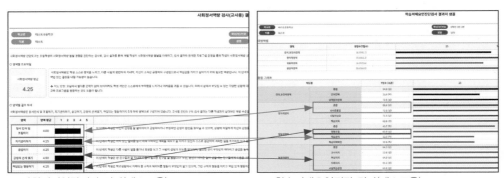

▲ 사회정서역량진단 결과(테스트용)　　　▲ 학습저해요인진단 결과(테스트용)

사회정서역량검사와 학습저해요인검사 해석하기

사회정서역량은 소주제 2에서 설명드린대로 학생의 잠재적 사회관계 역량을 살펴보는 것이고 학습저해요인진단 검사는 학습에 저해가 되는 요인을 인지, 초인지영역, 정의적영역, 행동적 영역, 환경적영역으로 나누어 살펴보는 검사입니다.

테스트 학생은 사회정서 역량이 5점 만점에 4.25의 평균을 보이므로 사회, 대인관계의 역량은 좋은 편입니다. 소주제별로 살펴보면 자신과 상대의 정서를 인식하고 조절하기(4.0점)는 학습저해요인검사의 자아존중감(73.0점)과 관련이 있습니다.

자신의 정서를 올바로 들여다보고 상대의 정서까지 살핀다는 것은 분위기가 좋지 않거나 상대와 다툼이 일어나는 상황이라도 자신의 탓을 하지 않을 가능성을 보여주므로 자아존중감이 T점수화하여 또래 평균과 비교해볼 때 73.0점으로 평균 50을 훨씬 상회하여 혹시 학습에서 좌절감이나 실패를 하더라도 빨리 제자리로 돌아올 수 있는 힘이 있습니다.

자기관리하기와 학습관리를 묶어보면 테스트 학생은 자기관리는 4.25점으로 상당히 잘하는 편이나 학습관리는 T점수 32.6점으로 평균보다 뒤처지는 모습을 볼 수 있는데 자기관리가 학습관리로는 이어지지 않음을 알 수 있습니다.

학습관리에 관한 전략이 필요하다 하겠습니다. 세 번째는 공감하기 및 긍정적 관계 맺기와 환경영역의 교사, 또래, 가정 지지를 비교해 보면 모두 평균에 비해 좋은 점수를 나타내어 대인 관계성의 힘이 있는 학생입니다.

그러면 도움 요청하기나 모둠학습에서 좋은 결과를 가져올 가능성이 많습니다. 마지막으로 책임 있는 행동하기와 행동 조절을 비교해보면 만족추구 지연을 할 줄 알며 외재적 보상보다 내재적 보상을 즐길 가능성이 많으며 참고 이겨 내는 역량이 있는 학생이라고 보여집니다.

결국 이 학생의 장점은 책임감, 자아존중감, 조절 능력이며 약점은 자기 관리가 학습 관리로는 연결되지 않아 학습 관리하는 전략을 투입하면 학습에 좀 더 나은 효과를 기대해도 된다로 분석할 수 있겠습니다.

이 때 활용하실 수 있는 연계 자료는 '학습부진학생 특성 이해 및 지도 방안, 단원명 13. 학습전략 교육' 동영상이 있습니다. 학습지원 대상 학생의 특성을 이해하여 지도 방법을 안내하는 것으로서 교사가 활용할 수 있는 동영상 자료입니다.

- 국가기초학력지원센터/교육연수자료/13. 학습 전략 교육(5쪽)
  (https://k-basics.org/user/baseTrainingData.do?menuSeq=710)

학습유형검사와 정서행동환경검사 해석하기

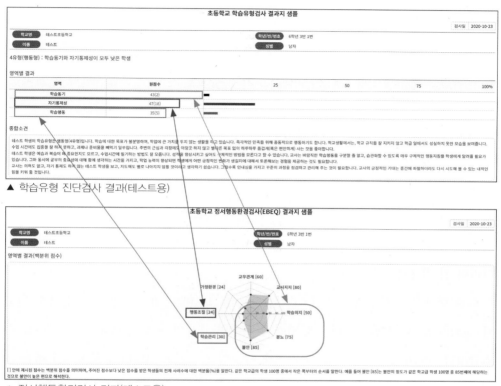

▲ 학습유형 진단검사 결과(테스트용)

▲ 정서행동환경검사 결과(테스트용)

　학습유형 결과가 행동형입니다. 학습 유형 결과는 개인 내(內)의 비교로 계획이나 노력, 동기보다 행동이 앞서는 유형을 의미합니다. 학습 유형 결과는 개인 안에서의 비교이기 때문에 원점수인 %로 나타나며 정서행동환경검사는 백분율로, 개인 외적인 상대적 평가로 100명을 세웠을 때 뒤쪽에서의 위치가 얼마인지를 나타냅니다. 예를 들어 30이라면 뒤쪽에서 30이라는 위치에 있고 그 앞에는 70명이 있다는 것으로 쉽게 말하면 100명 중 71등이라는 뜻이 됩니다.

　개인 내적인 비교에서 행동형이라는 것이지, 상대적인 수치로 비교하면 정서행동환경검사에서 행동조절이 24밖에 되지 않아 행동조절이 잘 안 되는 학생입니다. 또한 학습 동기도 43%로 낮으며 정서행동환경검사에서 학습 동기로 볼 수 있는 학습 의지는 50, 그에 비해 부정적인 정서인 분노가 75, 불안이 85로 공부를 잘하고자 하는 의지에 비해 정서가 매우 불안정하며 학습행동과 학습관리로 볼 때 공부를 하고자 마음을 먹었어도 행동이나 학습관리를 하는 면에서 모두 낮은 상태입니다. 총체적으로 학습할 준비가 안 되어 있으며 마음을 먹더라도 목표 설정이나 이에 따른 과정 계획 수행 등이 안되는 학생이라 볼 수 있습니다.

기본적인 학습전략이나 학습 준비도가 매우 낮을 가능성이 많으므로 기초부터 차근차근 준비해야 합니다. 또래 관계나 교사 지지에 비해 가정환경의 수치가 상대적으로 낮아 가정과 연계하여 문제점을 알아내고 준비하여야 하므로 주 양육자와 학생의 성장 배경부터 지금의 환경을 알아보는 것이 필요하며 학생과도 1:1 상담을 통해 불안이나 분노 감정을 일으키는 원인이 무엇인지 얘기를 나누고, 교사의 세밀한 관찰이 뒤따라야 할 것으로 보입니다.

이런 학생은 정서부터 안정이 되어야 하는데 그나마 다행인 것은 교사에 대한 믿음과 신뢰가 있어 학생의 어려움을 먼저 짚어주면 교사의 교수 방법대로 잘 따라올 수 있습니다. 이 학생의 장점은 교사와 또래 관계의 지지이며 그나마 공부하고자 하는 의지가 있는 것이고, 약점은 이 외 모든 것이 약점이 되는 쪽입니다. 조기 개입이 시급해 보이는 상황입니다.

선생님과 별도로 신뢰를 쌓을 시간은 벌었으며 바로 학습에 대한 동기부여부터 해주시고 각종 과목에 대한 결손 부분과 시작점을 체크해 보는 것이 중요합니다.

지원자료는 '초등학교 동기향상 프로그램'이며 학생들이 학습뿐만 아니라 삶의 태도와 주변 환경에 대한 흥미와 동기 습득을 도와줍니다. 국어와 수학의 결손 부분과 출발점을 알아보기 위한 자료로 국어는 진단자료로 '읽기 유창성과 독해력 향상을 위한 읽기 검사지(KICE Reading Inventory)'로 진단하시고 후속 진단자료로 '읽는 즐거움, 쓰는 재미-진단활동'으로 한번 더 진단하시면 어느 정도 결손 부분과 출발점을 살펴보실 수 있고 수학은 '토닥토닥 수리력의 핵심 연산 진단 도구'를 활용하시면 됩니다.

- 국가기초학력지원센터/기초학력학습자료/초등학교/학습준비도/초등학교 동기향상 프로그램 (자료 목록 2쪽)

  (http://www.basics.re.kr/kucu/emotion/selectEmotionBSDetail.do?seq=12656&painIndex=3&searchWrd=)

- 국가기초학력지원센터/기초학력 학습자료/초등학교/국어/읽기 유창성과 독해력 향상을 위한 읽기 검사지(KICE Reading Inventory) (진단활동) (자료 목록 1쪽)

  (https://k-basics.org/user/studyView.do?menuSeq=666&datadetailSeq=525)

- 국가기초학력지원센터/기초학력 학습자료/초등학교/국어/읽는 즐거움 쓰는 재미 (진단활동)(자료 목록 3쪽)

  (https://k-basics.org/user/studyView.do?menuSeq=666&datadetailSeq=484)

- 국가기초학력지원센터/기초학력 학습자료/초등학교/국어/읽는 즐거움 쓰는 재미 (진단활동)(자료 목록 3쪽)

  (https://k-basics.org/user/studyView.do?menuSeq=666&datadetailSeq=484)

- 국가기초학력지원센터/기초학력 학습자료/초등학교/수학/토닥토닥 수리력 (진단활동)(자료 목록 1쪽)

  (https://k-basics.org/user/studyView.do?menuSeq=667&datadetailSeq=6288)

실제사례 파헤치기: 사전검사 결과 분석하고 사전사후검사 비교하기

지금부터는 저자의 학급에 속해있던 학생 2~3명을 분석 사례로 살펴보고자 합니다. 개인정보보호를 위해 A, B, C 학생으로 기명할 것이며 무작위로 추출한 경우입니다. 당연히 제가 실시한 검사 종류로만 1차 결과 분석을 하고 2차 관찰과 학부모 상담까지 이루어진 분석, 3차 추후 이루어진 지원, 지도 자료를 소개하고 보충 학습과 지원 프로그램 투입 후, 4차 사후 진단검사 결과까지 말씀드리고자 합니다.

■ 사례1 2021. 6학년 A학생

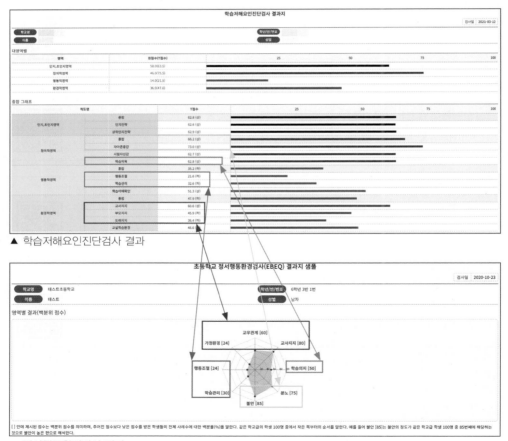

▲ 학습저해요인진단검사 결과

▲ 정서행동환경검사 결과

학습저해요인진단 도구 검사와 정서행동환경검사 결과 비교

1차 분석(검사결과 분석): 먼저 학습저해요인진단 검사의 정의적 영역인 자아존중감과 시험 자신감은 정서행동환경검사의 불안과 분노를 연결할 수 있습니다. 자아존중감과 시험자신감 모두 평균보다 높으며 불안감은 3.0으로 매우 낮습니다. 시험 불안과 연계지어 생각해보면 시험에 별로 긴장하거나 불안해하지는 않는 학생입니다. 하지만 불안이 평균 정도는 있어야 시험 대비도 하고 학습관리 등도 하겠지만 이 정도로 낮은 불안은 오히려 학습에 방해가 됩니다. 자아존중감이 많이 높고 분노감이 같이 높아서 다른 사람에게 정의감을 강요하거나 자신의 기준으로 생각할 우려가 있습니다. 두 검사 모두에서 공부하고자 하는 의지는 있으나 행동조절과 학습관리 면에서 허점을 보여 성적이 자신이 기대하는 결과에 훨씬 못 미칠 경향이 많습니다.

환경적 영역을 살펴보면 또래 지지나 부모 지지가 낮고 교사 지지는 상대적으로 높아 교사에 대한 믿음과 신뢰감은 있는 학생입니다. 하지만 또래 관계가 그다지 좋지 않고 부모 지지도 높지 않아 주변과의 관계를 맺는 것에 걸림돌이 있다고 보입니다. 사회 관계성을 길러주고 분노하는 원인이 무엇인지 알아볼 필요가 있었습니다.

2차 분석(관찰과 학부모 상담): 학생을 관찰해본 결과, 과정과 결과에 자신의 기준으로 납득이 안되면 따지고 설명을 요구하는 성향이 많았습니다. 친구 관계에서도 말로 자주 놀리며 표현언어 능력이 좋아서 묘하게 자신의 상황을 정당화하는 궤변이 자주 나타났습니다. 하지만 상대가 따지고 덤벼들면 불같이 화를 내고 동성과 이성을 가리지 않고 폭 넓게 알고 지내는 친구는 많으나 깊이 있게 친한 친구는 없었고 그때 그때 상황에 죽이 맞는 친구와 어울리며 사이를 유지하였는데 이는 A학생이 유머스러움이 있었으며 주로 비아냥거리는 표현인데도 비아냥 상대가 아닌 주변 학생들에겐 웃음을 주는 편이었습니다. 언어 표현에서도 느끼듯이 머리는 상당히 좋은 듯 하였으나 과목별로 선호하는 과목과 아닌 과목이 뚜렷하여 선호하는 교과 시간에만 집중력이 높아지는 학생이었습니다. 학부모 상담에서는 다자녀 가정인 것과 학생의 단점을 일부러 모른 척하고 공교육에 대한 신뢰가 없는 분이셨습니다.

의심이 많으신 점과 꼭 확인해야 넘어가는 성향 등, 민원을 자주 발생시키는 어머니셨습니다. 이런 어머니의 행동을 학생도 좋아하지 않는 것이 느껴졌고 가정에서는 어머니의 지시나 명령에 무조건 복종을 하면서도 반항심을 가지고 있지만 겉으로 표현하지 않았습니다. 행동은 매우 가볍고 민첩하여 친구를 놀리고 도망가는 일이 자주 있었으며 교사의 지시에도 이유를 묻고 마음에 안 들면 가정에서의 모습과는 달리 반항적인 모습을 보였습니다. 분노감의 원인이 가정생활에서 발생하는 듯 하였고 그걸 학교에 와서 풀어내는 행동이 반복되었습니다.

학교생활적응도 검사에서 학교에 대한 긍정적인 생각이 있었고 또래들보다 역시 교사에 대한 적응도가 더 좋게 나타나 이유를 알아보니 A학생의 어머니가 친구들에게 A의 학교생활을 자주 물어보시고 친구들이 답하는 거에 따라 학교로 민원이나 궁금한 점을 직접 묻고 A학생에겐 추궁이 들어가는 형태라 A학생은 친구들을 가깝게 여기지 않고 있었습니다.

3차(지원 · 지도 계획 및 실행): 가장 문제로 보이는 A학생에 대한 어머니의 양육 방법을 바꿔야 하겠다고 생각하여 상담 시 어머니께 부탁을 드렸습니다. 학교생활에 대해 궁금하시면 무조건 담임교사에게 먼저 물어보시는 것으로, 다른 학생들에게 전해들은 이야기로 학생에게 추궁하는 일이 없도록 약속을 해달라 하였고, 지금까지 행동의 결과로 학생이 가정 지지가 없다고 느끼는 점과 분노 지수를 보여드렸습니다. 객관적인 수치 앞에서 어머니는 약속대로 하시겠다고 하셨고 이후 A학생을 담임하는 내내 그 약속은 지켜졌습니다.

학습 의지는 다른 영역에 비해 수치가 높은 편이어서 자아존중감이 높은 것을 활용해 수업 중 잘하는 과목에서 아이들 앞에서 자주 인정을 해주었고 싫어하는 과목에서 잘하는 모습이 보일 때마다 칭찬을 아끼지 않았습니다. 자아존중감이 높은 학생들은 자신의 존재가 인정받는 것으로 살아가기에 봉사활동이나 담임을 도와주는 일에 항상 먼저 도움을 청했습니다.

친구들을 놀리고 도망가는 행동에 대해 이유를 물어보니 본인은 "그냥요."라고 답했지만 친구들을 괴롭히는 방법으로 친해지기 어렵다는 뜻을 전했고 그러면 너의 존재가 부정적으로 낙인이 찍힌다고 자존감을 건드리며 그건 허락하지 못한다고. 3번만 봐준다.

했더니 본인이 스스로 횟수를 줄여갔습니다. 점점 친구들과의 사이가 좋아졌으나 워낙 남을 믿지 않는 마음이 커서 짧은 시간에 효과를 얻기는 어려웠습니다. 행동 조절이 안 되고 학습관리도 본인이 알아서 하는 면이 없어서 이에 대한 전략기법을 도입했습니다.

지원 프로그램

❶ 사회정서 역량 지도·지원 자료 (1. 정서인식 및 조절 (함께 연습해 보기))

- 국가기초학력지원센터/기초학력 학습자료/초등학교/학습준비도
(https://k-basics.org/user/studyView.do?menuSeq=671&datadetailSeq=1848)

❷ 사회정서 역량 지도·지원 자료 (2. 자기관리 (함께 연습해 보기))

- 국가기초학력지원센터/기초학력 학습자료/초등학교/학습준비도
(https://k-basics.org/user/studyView.do?menuSeq=671&datadetailSeq=1851)

❸ 집중력을 높이기 위한 프로그램으로, 지원 프로그램 : 기초튼튼 학습력 높이기 I '시지각 훈련 프로그램'(학생용 워크북)을 활용하였습니다

- 국가기초학력지원센터/기초학력 학습자료/초등학교/학습준비도
(https://k-basics.org/user/studyView.do?menuSeq=671&datadetailSeq=1814)

❹ 학습전략을 활용하지 못하는 A학생을 위해 지원한 프로그램은,
지원 프로그램 : 초등학교학습코칭프로그램(초등5_6학년) 이었습니다.

- 국가기초학력지원센터/기초학력 학습자료/초등학교/학습준비도
(https://k-basics.org/user/studyView.do?menuSeq=671&datadetailSeq=1834)

PPT로도 제공되기 때문에 A학생에 대한 낙인 효과도 없앨 겸 중입을 앞두고 있는 전체 학생을 대상으로 지도하였습니다.

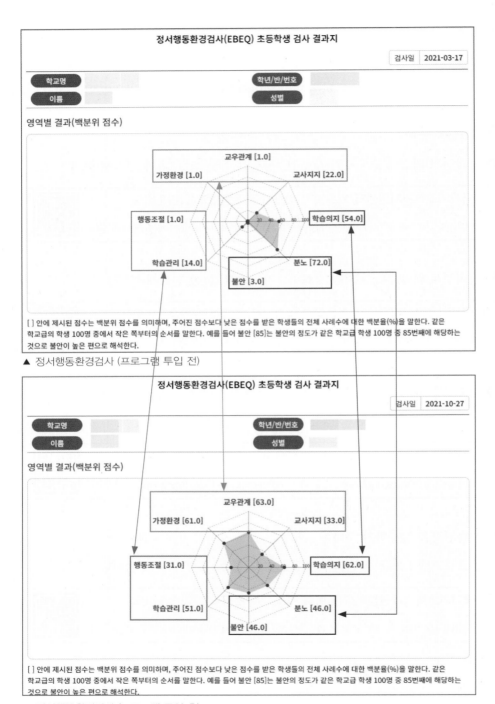

▲ 정서행동환경검사 (프로그램 투입 전)

▲ 정서행동환경검사 (프로그램 투입 후)

4차(사전·사후진단결과분석): 프로그램을 지원하고 학년 말이 다 되어가는 10월 말경, 약 7개월 후 동형의 검사로 다시 검사를 실시했을 때 그래프에 변화가 보였습니다. 분노감이 줄어들었고 가정환경의 지지에 대해 긍정적인 수치로 바뀐 것을 확인할 수 있습니다. 물론 불안이 46.0으로 늘어났지만 이는 또래 평균 정도의 수치로 나타났습니다.

또한 학습 관리 부분의 점수가 높아졌고 행동조절 수치도 높아져 대체로 긍정적인 변화를 보여주었습니다. 물론 겉으로 보이는 모습도 교사가 면밀하게 관찰해보면 대략 알 수 있지만 객관적인 수치로 비교하여 학생에게 보여주면 자신의 변화된 모습에 자신감을 더 얻는 경우를 많이 봤습니다. A학생도 자신의 올바른 변화에 자신감과 자존감이 더 높아지는 모습을 보여주었습니다.

■ 사례2 2021. 6학년 B학생

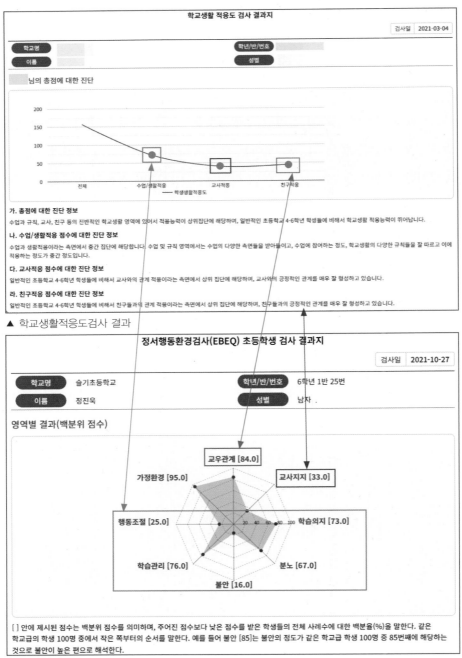

학교생활 적용도 검사 결과지

검사일 | 2021-03-04

학교명
이름

학년/반/번호
성별

___ 님의 총점에 대한 진단

— 학생생활적응도

전체 / 수업/생활적응 / 교사적응 / 친구적응

가. 총점에 대한 진단 정보
수업과 규칙, 교사, 친구 등의 전반적인 학교생활 영역에 있어서 적용능력이 상위집단에 해당하며, 일반적인 초등학교 4-6학년 학생들에 비해서 학교생활 적용능력이 뛰어납니다.

나. 수업/생활적용 점수에 대한 진단 정보
수업과 생활적용이라는 측면에서 중간 집단에 해당합니다. 수업 및 규칙 영역에서는 수업의 다양한 측면들을 받아들이고, 수업에 참여하는 정도, 학교생활의 다양한 규칙들을 잘 따르고 이에 적용하는 정도가 중간 정도입니다.

다. 교사적용 점수에 대한 진단 정보
일반적인 초등학교 4-6학년 학생들에 비해서 교사와의 관계 적용이라는 측면에서 상위 집단에 해당하며, 교사와의 긍정적인 관계를 매우 잘 형성하고 있습니다.

라. 친구적용 점수에 대한 진단 정보
일반적인 초등학교 4-6학년 학생들에 비해서 친구들과의 관계 적용이라는 측면에서 상위 집단에 해당하며, 친구들과의 긍정적인 관계를 매우 잘 형성하고 있습니다.

▲ 학교생활적응도검사 결과

정서행동환경검사(EBEQ) 초등학생 검사 결과지

검사일 | 2021-10-27

학교명 슬기초등학교
이름 정진욱

학년/반/번호 6학년 1반 25번
성별 남자

영역별 결과(백분위 점수)

교우관계 [84.0]
가정환경 [95.0]
교사지지 [33.0]
행동조절 [25.0]
학습의지 [73.0]
학습관리 [76.0]
분노 [67.0]
불안 [16.0]

[ ] 안에 제시된 점수는 백분위 점수를 의미하며, 주어진 점수보다 낮은 점수를 받은 학생들의 전체 사례수에 대한 백분율(%)을 말한다. 같은 학교급의 학생 100명 중에서 작은 쪽부터의 순서를 말한다. 예를 들어 불안 [85]는 불안의 정도가 같은 학교급 학생 100명 중 85번째에 해당하는 것으로 불안이 높은 편으로 해석한다.

▲ 정서행동환경검사 결과

• 학교생활적응도검사와 정서행동환경검사 결과 비교

1차 분석(검사결과 분석): 학교 생활적응도 검사는 세 가지 측면에서 객관적인 평가로 또래 4~6학년과의 비교로 평가 점수를 보여줍니다. 다각적 측면의 적응도를 보여줌으로 상대적으로 약한 부분에 학습 전략과 사회관계 능력의 전략을 제공할 수 있습니다. 먼저 수업/생활 적응(규칙)에서 또래의 보통 정도의 결과가 나오고 정서행동환경검사의 학습 의지와 학습 관리는 또래의 평균보다 약간 높은 정도의 백분위이나 행동 조절은 잘 안되고, 불안과, 분노 등 부정적 정서가 높은 편이었습니다. 친구지지는 두 가지 검사에서 교사나 가정 지지보다 모두 높게 나타나 친구와의 관계에 좀 더 치중하고 만족해하는 편이었습니다. 학교 생활 적응도에서 수업/생활(규칙) 등에 약한 부분이 행동 조절이 잘 안된다는 것이고 잘해야겠다는 의지는 있으나 뜻대로 잘되지 않아 불안과 분노가 있는 것으로 해석은 되나 관찰과 상담이 좀 더 필요해 보였습니다.

2차 분석(관찰과 학부모 상담): 학생을 관찰해 본 결과, 이전 학년까지는 행동도 거칠고 학습에도 주의를 기울이지 않았으나 6학년이 되면서 뭔가 잘 해내고 싶고 다른 모습을 보여줘야겠다는 마음을 먹고 교사나 교실에서의 생활에서 잘 보이고자 애쓰는 측면이 있었고 1학기 때 학급 임원을 맡으면서 더 모범적으로 지내야 한다는 압박을 느끼고 있었습니다. 이는 학부모와의 상담에서도 드러났는데 외동아들인 자녀에게 기대가 큰 모습을 보이고 계셨고 5학년에서 6학년으로 진급하는 시기에 무슨 결정적인 사건이 있었는지 모르지만 6학년 때 아이가 긍정적으로 달라졌다라는 얘기를 수차례 하셨습니다. 부모님께 어떤 일이 있으셨냐고 여쭤봐도 기도를 열심히 하셨다라는 얘기만 들을 수 있었습니다. 하지만 B학생은 우리 반 다른 학생과 관련이 있는 과거의 일로 대척점에 서 있는 본인이었습니다. 피해를 입혔던 학생으로, 관련 학생의 표현을 빌리면 교실과 선생님 앞에서의 모습은 가면이라고 했습니다. 교실에서 유일한 어른인 교사에겐 공손하고 순종적이었지만 친구끼리 있을 때는 다른 모습인 것을 저도 몇 번 목격을 하였습니다. 같은 반 또래 어머니들보다 연세가 많으신 B학생 어머니는 어렵게 임신하여 출산한 B학생이 너무 귀하다고 생각하고 계셨고 5학년에서 6학년 올라오는 시기에 암수술을 하셨다는 얘기를 뒤늦게 들었습니다. 이게 아마 계기가 되지 않았을까? 하는 생각이 들었습니다. 이것이 또한 불안의 요소였고 마음먹은 대로 올라가지 않는 성적과 행동 조절은 스스로에게 분노를 일으키는 원인이 되는 듯 보였습니다.

3차(지원·지도 계획 및 실행): B학생의 진심이 무엇인지 알아보는 것이 우선이었습니다. 관련 학생의 말처럼 가면인건지, 아니면 정말 달라지고자 하는 것인지를 말입니다. 관련 학생의 말로는 그 일이 있을 때 진정성 있는 사과를 받지 못했다고 해서 아직도 그 사과를 받고 싶은지, 받고 나면 다시 친해질 마음이 있는지 물었습니다. 관련 학생은 B학생과 친하게 지내고 싶은 마음이 있다고 하여 B학생에게도 이 사실을 전하고 마음이 있는지 물었습니다. 흔쾌히 사과하겠다고 해서 둘이서 얘기를 나눌 수 있는 시간과 공간을 마련해 주었습니다. 당연히 대화 후 저에게 각자가 와서 있었던 이야기를 전하라고 했고 일이 잘 해결됐다는 말을 두 명 모두에게 전해 들었습니다. 이후 관련 학생의 표정이 편안해진 것을 보고 진심으로 사과를 했구나 생각했습니다.

성격이 급하고 다혈질인 B학생에게 다른 사람의 마음에 공감하고 정서 지지를 보내는 것을 연습해보기로 했습니다.

지원 프로그램

❶ 사회정서 역량 지도·지원 자료 (4. 긍정적 관계맺기 (함께 연습해 보기, 친구와의 갈등 해결하기))

- 국가기초학력지원센터/기초학력 학습자료/초등학교/학습준비도
  (https://k-basics.org/user/studyView.do?menuSeq=671&datadetailSeq=1857#none)

❷ 사회정서 역량 지도·지원 자료 (5. 책임있는 행동하기 (함께 연습해 보기, 규칙 지키기)

- 국가기초학력지원센터/기초학력 학습자료/초등학교/학습준비도
  (https://k-basics.org/user/studyView.do?menuSeq=671&datadetailSeq=1860)

❸ 집중력을 높이기 위한 프로그램으로, 지원 프로그램 : 기초튼튼 학습력 높이기 Ⅰ '시지각 훈련 프로그램'(학생용 워크북)을 활용하였습니다.

- 국가기초학력지원센터/기초학력 학습자료/초등학교/학습준비도
  (https://k-basics.org/user/studyView.do?menuSeq=671&datadetailSeq=1814)

❹ 학습전략을 활용하지 못하는 B학생을 위해 지원한 프로그램은, 지원 프로그램 : 초등학교학습코칭프로그램(초등5, 6학년)이었습니다.

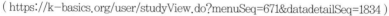

- 국가기초학력지원센터/기초학력 학습자료/초등학교/학습준비도
  (https://k-basics.org/user/studyView.do?menuSeq=671&datadetailSeq=1834)

❺ 공부를 하고자 하는 의지는 있으나 높은 동기에 비해 낮은 자기 통제력 때문에 분노감이 있는 B학생을 위해 사용한 프로그램은, 지원프로그램 : 초등학교 동기 향상 프로그램(동기형, 초등5,6학년)

- 국가기초학력지원센터/기초학력 학습자료/초등학교/학습준비도
  (https://k-basics.org/user/studyView.do?menuSeq=671&datadetailSeq=1830#none)

이 모든걸 언제 지원하냐 하시겠지만 이 지원자료들은 짧은 내용으로 이루어져 있기도 하고 이 중 학생에게 필요한 내용만 취사 선택하시면 학습 지도하기 전, 동기유발 자료로 활용하시면 됩니다.

4차(사전 · 사후진단결과분석): 프로그램을 지원하고 학년 말이 다 되어가는 10월 말경, 사후진단이 이뤄졌습니다.

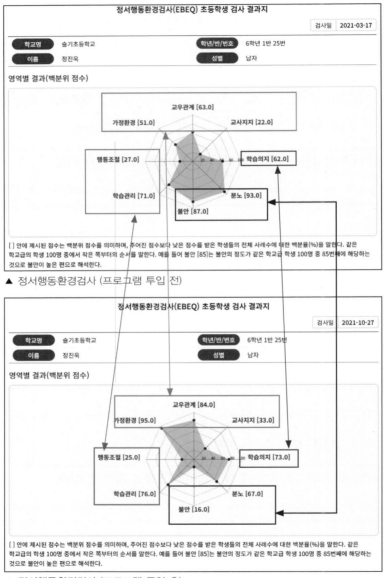

▲ 정서행동환경검사 (프로그램 투입 전)

▲ 정서행동환경검사 (프로그램 투입 후)

약 7개월 후 동형의 검사로 다시 검사를 실시했을 때 그래프에 변화가 보였습니다. 분노와 불안이 많이 줄어들었고 가정환경의 지지에 대해 매우 긍정적인 수치로 바뀐 것을 확인할 수 있습니다. 더욱 고무적인 것은 가정지지와 함께 교우관계, 교사지지까지 모두 긍정적으로 변화되었다는 것입니다. 친구 관계에 몰입하던 것에서 대인적인 사회관계의 폭이 넓어졌다는 점에서 좋은 발전을 이루었다는 결과가 관측됩니다. 또한 학습 의지, 학습관리도 더 좋아졌으나 아쉽게도 행동 조절 영역은 오히려 약해졌다는 것입니다. 이 결과를 당연히 학생과 공유하였고 학습에서 중요한 것은 주의집중력과 함께 학습에 대한 자기통제성도 중요하다는 얘기를 강조하여 전달하였습니다. 차츰 학습에 대해 주의력을 오래 가져가는 것과 함께 자신의 학습에 방해되는 요인들을 제거해가는 힘을 기르도록 단계적인 목표를 정해보자고 격려하였습니다.

물론 모든 학생이 긍정적이거나 원하는 방향대로 변화되진 않습니다. 더 나빠지는 경우도 있습니다. 오래도록 사람을 신뢰하지 못하고 교육적으로 좋지 않은 환경에 노출된 학생이 1년 동안 몇 개월의 노력으로 획기적인 성장을 이루긴 어렵습니다. 받아들이는 학생의 입장도 있고 담당하는 교사의 교수법도 모두 다르기 때문에 해석하고 투입하는 전략도 모두 다를 수 있기 때문에 어느 것이 정답이라 말할 수는 없습니다. 하지만 이런 교사의 노력을 학생이 배신하는 경우는 거의 보지 못했습니다. 한 인간에게 보여주는 타인의 고귀한 관심과 지지는 분명히 가치가 있기 때문입니다.

※ 이번 사례는 현재 담임하고 있는 학생으로 이 책을 쓰고 있는 때가 학년 말이 되지 않아 사후검사는 진행되지 않아서 1학기 초 심리·정서 검사의 결과 해석, 1학기 말 학습·인지검사 결과의 해석으로 사례를 알려드리고자 합니다. 이는 1학기 3월 말에 이뤄지는 학부모 상담에 심리적인 안정을 위한 상담 진행을 하고, 2학기 학부모 상담 때는 고학년을 앞두고 있는 학생들을 학습 쪽으로 도와주기 위한 상담을 하고자 계획하였습니다.

■ 사례2 2023. 4학년 C학생

4학년 담임을 맡아 반 편성한 명단을 뽑는 날. 동학년 선생님 3명이 먼저 모여 명단을 뽑지도 못하고 망설이고 있는 자리에 제가 늦게 합류했습니다.

이유는 바로 C학생 때문. 3학년 때부터 꼬리표를 달고 올라온 학생이었고 학급의 학습 분위기나 교우 간의 다툼, 분노 조절을 못하고 교사에게까지 대들어 모두가 감당이 안 된다고 꺼리는 학생이 C였습니다.

또한 다툼이나 말썽이 일어나는 일이 거의 매일이었으므로 학부모님이 아침저녁으로 학교에 전화를 걸어 아이와 상황에 대해 물어보셔서 학생뿐만 아니라 학부모 응대까지 피곤한 학생이기도 했습니다. 제가 그냥 C가 들어있는 명단을 가져가겠다고 하자 모든 선생님들이 감사함을 표했습니다.

C와의 일 년 동거는 이렇게 시작되었고 3월은 저와 C학생 사이의 기 싸움으로 학년을 열었습니다.

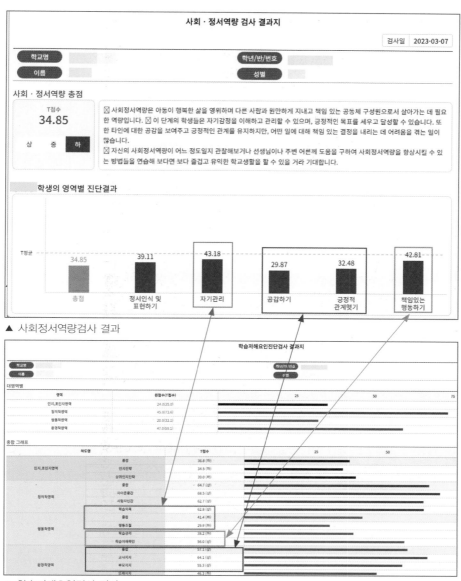

▲ 사회정서역량검사 결과

▲ 학습저해요인검사 결과

• 사회 · 정서역량검사와 학습저해요인검사 결과 비교

1차 분석(검사결과 분석): 사회 · 정서 역량검사의 모든 항목을 총점으로 내었을 때 T점수 34.85로 또래 평균 학생들보다 16점 정도 떨어져 있으며 자기관리 항목에 비해 공감하기가 29.87로 매우 낮았습니다. 학습에 저해가 되는 요인을 보면 행동적영역이 T점수 32.1로 또래 평균보다 18점 가량 낮았습니다. 이를 하위영역으로 세분화하여 살펴보면 사회 · 정서역량검사의 책임 있는 행동하기와 자기관리의 2가지 영역 중 어디와 묶어서 해석하는 것이 더 합리적인 것인지 살펴볼 때 행동적 영역의 학습조절과 정의적 영역의 학습 의욕이 자기 관리와, 책임 있는 행동하기와 행동적 영역의 학습관리와 학습 이해확인의 영역과 더 밀접하여 학습저해요인 영역의 하나인 행동적 영역을 두 부분으로 나누어 사회 · 정서역량검사의 두 하위영역과 관련지어 분석하였습니다. 이처럼 대영역이나 중영역의 명칭에 너무 얽매이지 마시고 하위영역이나 세부영역을 좀 더 중점적으로 관계성에 초점을 두고 보시는 것을 추천드립니다.

그래도 자기관리는 T점수 평균에 가까운 43.18이 나왔고 이는 학습저해요인검사의 정의적영역의 학습의욕, 행동조절과 관련이 있어 수치를 살펴보면 학습의욕은 62.8(상)으로 또래 집단보다 높았으나 행동조절은 29.9(하)로 매우 낮게 보고되었습니다. 학습에서는 자기관리의 행동조절은 되는 편이었지만 그 외 생활에서는 행동조절에 어려움을 겪고 있는 것으로 나타났습니다. 사회 · 정서역량검사에서 공감하기와 긍정적 관계맺기는 모두 또래보다 낮은 점수를 보였고 학습저해요인검사의 환경적 영역의 하위요소인 교사지지, 부모지지, 또래 지지와 연결시켜 보면 교사지지는 평균을 넘어서지만 부모지지와 또래 지지는 평균이거나 오히려 다른 학생들보다 특이하게 또래 지지가 다른 관계와 비교해도 상대적으로도 낮았습니다.

• 학습유형검사와 학습역량검사 결과 비교

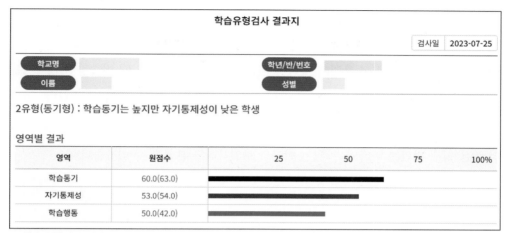

학습유형검사 결과지

| | 검사일 | 2023-07-25 |

학교명　　　　　　　　　　학년/반/번호

이름　　　　　　　　　　　성별

2유형(동기형) : 학습동기는 높지만 자기통제성이 낮은 학생

영역별 결과

영역	원점수	25	50	75	100%
학습동기	60.0(63.0)				
자기통제성	53.0(54.0)				
학습행동	50.0(42.0)				

▲ 학습유형검사 결과

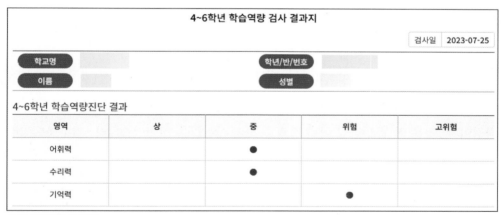

4~6학년 학습역량 검사 결과지

| | 검사일 | 2023-07-25 |

학교명　　　　　　　　　　학년/반/번호

이름　　　　　　　　　　　성별

4~6학년 학습역량진단 결과

영역	상	중	위험	고위험
어휘력		●		
수리력		●		
기억력			●	

▲학습역량검사 결과

　　2차 분석(검사 결과 분석): 1학기 말에 실시한 학습인지영역의 검사에서 C학생은 학습유형 중 동기형으로 나타났습니다. 이는 학습에 대한 의욕이나 의지는 있으나 개인 내(內)적 비교에서 상대적으로 학습에 대해 자기 통제성이나 학습 의지만큼 행동으로 옮기는 힘이 약한 것으로 나타났으며 특히 실행력이 더욱 낮았습니다. 학습의 역량은 어휘력, 수리력 모두 중이며 상이나 중은 또래 집단의 평균보다 높은 것을 나타냅니다. 반면 기억력은 위험군으로 나타나 단기암기력은 또래 집단보다 낮은 것으로 결과를 보여줍니다. 이를 연결해보면 자기통제성과 학습 행동으로 연결되는 주의집중이나 학습전략을 적극적으로 활용하지 못하며 이는 장기적으로 보았을 때 학습량이 많아지는 본격적인 입시교육에 다가서면 학력이 떨어질 수 있음을 예상해 볼 수 있습니다. 반면 어휘력이나 수리력은 평균보다 성취율이 높으므로 전략과 주의집중력, 끈기를 훈련하면 더 좋은 성취 결과를 나타낼 수 있는 희망도 보인다라고 분석할 수 있겠습니다.

※ 위 두 가지의 검사결과는 관련 있는 항목으로 묶기는 어려운 하위영역으로 구성되어 있습니다. 이럴 경우는 각 검사결과의 시사하는 바를 함께 해석하여 보시면 되겠습니다.

3차(관찰과 학부모 상담): 역시 꼬리를 달고 왔구나 싶은 행동들을 쏟아냈습니다. 개학 첫날 이후, 자신만의 규칙이 있고 자신의 규칙에 납득이 되지 않으면 누구에게라도 눈을 크게 뜨고 대들었습니다. C학생의 언동과 만행?을 일러바치러 오는 행렬이 줄을 이루었습니다. 우리 반 학생들은 모두 C학생과 모둠이 되면 고개를 저었고 금방 목격된 장면도 절대 아니라고 부인부터 했습니다. 변명은 모두 거짓이었고 무엇보다 가장 걱정이 된 것은 절대로 진심 어린 사과를 하지 않는다는 점이었습니다. 저마저도 C랑 맞붙어 억지 사과를 받아내기까지 꼬박 2주일이 걸렸습니다.

그러니 또래 친구들에게는 사과란 없었습니다. 갈등이 일어나면 거의 99%는 C의 잘못이었습니다. C의 잘못이 아닌 1%를 찾아내야 C학생의 기를 살려줄 수 있는데 찾기가 어려웠습니다. 가정기초조사서에도 많은 부탁 글을 쓰셨고, 3월 말 학부모 상담 주간 전에 교실 전화로 C학생의 어머니가 전화를 자주 하셨습니다. 본인 자녀와 다른 학생과의 갈등이 일어난 사건을 물어보셨고, 어떻게 아셨냐? 하니 쌍둥이인 동학년의 다른 반 누나가 알려줘서 전해들었다고 하셨습니다. 상담을 통해 C학생과는 다르게 너무나 생활을 잘 알아서 하고 있는 이란성 쌍둥이 누나와의 비교가 C학생의 열등감의 원인이라는 것을 알게 되었고 매일 전화하셔도 좋으니 누나로부터 전달받음의 중단과 더 이상 누나도 C의 학교생활에 대해 관심가짐을 그만둘 것을 전달했습니다. 궁금하시면 학생 본인과 저에게 물어보시라는 말과 함께. 비교로 인한 갈등과 자신의 잘못을 들춰내서 얘기하는 동학년 남매, 그 얘기 때문에 다시 책망을 듣는 C학생의 분노감의 원인이 어느 정도 파악되었습니다. 또 학교에서의 거친 행동과는 달리 가정에서는 너무나 모범적인 생활을 한다는 C의 생활태도, 엄마의 양육방식에 대해 거짓 순종과 반항심을 양가감정으로 가지고 있는 C학생의 정서를 알아주고 공감해줄 필요성을 느꼈습니다.

4차(지원 · 지도 계획 및 실행): C학생에겐 어른이 기대고 의지하는 존재임을, 자기를 감시하고 통제하는 대상이 아님을 생활 속에서의 경험을 통해 교사에 대한 신뢰로 높여 갔습니다.

외부 체험에서 수영장 원장과 문제가 생겼을 때도 담임으로서 우리 아이의 권리를 위해 정당한 방법으로 조목조목 따져서 원장님이 아이에게 직접 사과하시도록 했습니다. 이는 사과를 잘 하지 않는 C학생에게 어른도 잘못하면 아이에게도 사과할 수 있다는 경험을 갖게 하고 싶어서였습니다. 또한 담임교사는 대드는 대상이 아닌, 믿고 의지하는 존재임을 함께 각인시켰습니다. 그와 함께 학교생활에서 문제가 생겼더라도 집에 얘기하는 담임이 아니라는 것도 인식시켰습니다.

학교에서 벌어진 일이니 너와 내가 함께 해결해야 한다는 점을 강조했습니다. 이는 아빠를 무서워하고 엄마의 히스테릭적인 처벌 방식(잘못된 것을 훈계한다는 차원으로 축구를 너무나 좋아하는 아이를 앞에 두고 축구공과 축구화를 도구를 이용해 모두 잘라버리는 등)에 많이 노출되어 있는 C학생의 정서를 불안과 분노에서 끌어내고자 하는 노력이었습니다. 이와 더불어 위클래스 순회상담에 대해 거부를 보이는 어머니의 감정을 일차적으로 수용하고 공감한 뒤 기한을 두고 아이에게 같은 문제가 나오면 그때 상담하는 것으로 약속을 받아두었는데 예상한 대로 한 달이 채 되지 않아 문제의 사태가 또 발생하여 곧바로 **위클래스 순회상담을 주 1회 실시**하였습니다. 이 때가 5월

중순이었습니다. 자신의 규칙에 위배 되면 장소와 때를 가리지 않고 불같이 화를 내는 C학생의 행동 제어를 위해 모두가 인정하지 않는 행동을 보일 때는 활동에서 과감하게 제외시키고 본인의 감정이 가라앉은 후 스스로 참여할 때까지 기다려 주었습니다. 이후 반드시 여유시간에 관련 학생들을 불러 자초지종을 들어보고 C학생 스스로 잘못된 점과 아닌 점을 가려내게 하는 지도를 수도 없이 반복했습니다.

학습 면에서는 크게 문제가 있진 않았으나 자기가 처음 보거나 하기 싫다는 느낌이 오면 지레 포기해 버리고 '난 못해'를 연발하는 C학생의 학습 태도를 수정하고자 '친구가 한 거 보고 똑같이 해도 돼. 대신 주어진 과제를 시간 안에 꼭 제출해야 돼.'라는 제한적 허용을 했습니다. 우리 반 누구든지 기록하는 배움 공책과 생각 공책은 2줄이 되건 3줄이 되건 써서 제출하도록 했고 에너지가 많은 C학생을 위해 어머니께 축구에 대해서는 아이가 장점을 드러내는 거의 유일한 방법이니 금지하지 마시고 유소년클럽 축구에 가입하도록 권해드렸고 지금은 원정으로 열리는 주말 리그에도 참여하시며 학교장허가체험학습을 내고 평일 경기에도 부모님이 함께 동행해주시는 것으로 점차 부모님과의 관계에도 안정을 찾아가도록 하고 있습니다.

어른과 또래집단과의 관계맺기 사회성을 기르기 위한 자료로, 초등학교 3~4학년 학습부진학생 중 특히 사회성 기술의 부족으로 또래와의 관계나 학교적응에 어려움을 겪고 있는 학생을 위한 특화된 프로그램을 적용하고 있습니다. 사회 · 정서역량 검사에 따른 지원프로그램은 보다 학급 단위로 사용할 수 있는 자료라고 한다면 'S-MATES를 위한 디딤돌'은 좀 더 개별적인 사회성 신장 프로그램으로 적용할 수 있다는 것이 저의 견해입니다. 'S-MATES를 위한 디딤돌'의 학생용 워크북 5종과 교사용 매뉴얼로 구성되어 개별 사회성 기술을 도와주기 위한 도움을 주고 있습니다. 학생용 워크북의 주제는 1. 상호작용 기술, 2. 자기관리 기술, 3. 성공적인 학교 적응기술, 4. 효과적인 의사표현 기술, 5. 강점 펼치기 기술 등으로 구성되어 있고 각 종류마다 몇 장의 워크북을 작성하면서 선생님과 1:1로 사회성을 훈련하기 좋은프로그램입니다. 또한 '화 잘 내기'에 대한 사회성 교육도 이 프로그램 안에서 함께 다루었습니다.

❶ 공감 능력과 긍정적 관계 맺기가 상대적으로 낮은 C학생을 위해, 지원프로그램: 'S-MATES를 위한 디딤돌'

- 국가기초학력지원센터/기초학력 학습자료/초등학교/학습준비도

  (https://k-basics.org/user/studyView.do?menuSeq=671&datadetailSeq=1817)

❷ 좋아하는 활동이 있는 과목과 아닌 과목에 집중력이 달라지는 C학생의 집중력을 위한 프로그램으로, 지원 프로그램 : 기초튼튼 학습력 높이기Ⅰ '시지각 훈련 프로그램'(학생용 워크북)을 활용하였습니다.

- 국가기초학력지원센터/기초학력 학습자료/초등학교/학습준비도

  (https://k-basics.org/user/studyView.do?menuSeq=671&datadetailSeq=1814)

❸ 학습유형이 동기형인 C학생을 위해 사용할 수 있는 학습전략 익히기 프로그램으로, 지원프로그램 : 초등학교학습코칭프로그램(초등3_4학년)

- 국가기초학력지원센터/기초학력 학습자료/초등학교/학습준비도

  (https://k-basics.org/user/studyView.do?menuSeq=671&datadetailSeq=1833#none)

❹ 학습동기에 비해 자기통제성과 학습행동이 뒤처지는 C학생이 자신의 생활을 기초적으로 계획하고 관리할 수 있는 역량을 갖추는데 목적이 있는 프로그램인, 지원 프로그램 : 하자GO!행동조절프로그램(초등3,4학년) 학생용 워크북1~5, 교사용 매뉴얼

- 국가기초학력지원센터/기초학력 학습자료/초등학교/학습준비도

  (https://k-basics.org/user/studyView.do?menuSeq=671&datadetailSeq=1824)

5차(사전 · 사후진단결과분석): 프로그램을 지원하고 학년 말이 다 되어가는 11월 초순경, 사후진단이 이뤄졌습니다.

2023년이라 사후진단까지 책에 싣지 못할 줄 알았는데 싣게 되어 다행이라 생각합니다. 아이와 제가 일 년 동안 많은 노력을 했고 학부모님과 우리 반 다른 학생들도 많은 도움이 되어 주었습니다.

어떤 누군가를 변화시킨다는 것은 주위의 도움 없이는 어려운 일입니다. 특히 C학생처럼 어른과 주변 친구들에 대한 믿음과 신뢰가 없는 경우는 더 어려움을 느낍니다. 하지만 성인보다 훨씬 변화가 쉬운 대상은 학생입니다. 지치지 마시고 아이에게 도움의 손길을 내미시기 바랍니다.

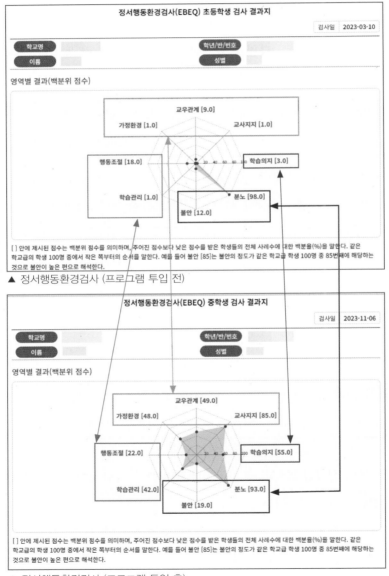

▲ 정서행동환경검사 (프로그램 투입 전)

▲ 정서행동환경검사 (프로그램 투입 후)

C학생은 저에게도 많은 역경과 그만큼의 감동을 선물한 학생입니다. 먼저 환경적인 요인의 변화를 살펴보면 가정의 지지감이 1.0에서 48.0으로 거의 또래 평균점에 도달했습니다. 교우관계도 9.0에서 49.0으로 평균대, 교사의 지지감은 1.0에서 무려 85.0으로 평균을 넘어 우리 반 최고를 찍었습니다. 행동조절도 18.0에서 22.0으로 약간 상승하였으며 학습관리는 1.0에서 42.0으로, 학습에 대한 의지는 3.0에서 55.0으로 대부분 또래 평균만큼 올라와 이는 승패인정이나 자신의 기준에 맞지 않으면 판정에 불복하던 모습도 거의 없어졌습니다.

다만, 분노감이 98.0에서 93.0으로 적어지긴 하였지만 미미한 변화를 보였다는 것과 불안이 12.0에서 19.0으로 올라간 것은 부정적인 모습이었습니다. 하지만 또래 집단에 비하면 불안감은 거의 없는 것과 같고 분노감도 5점이나 낮아진 것이니 앞으로의 노력에 따라 더 좋은 발전이 기대되기도 합니다.

이처럼 분노와 불안감은 단시간에 몇 번의 이벤트만으로 쉽게 낮아지기는 어려운게 사실입니다. 1년간의 노력으로, 또는 받아들이는 학생의 상황이 어떤가에 따라 결과가 달라지기도 합니다. 이럴 땐 여러 가지 항목을 종합적으로 보시고 이 학생의 발전 여부를 가늠해보시기 바랍니다.

1~3장을 마치며

아이들을 진단에 임하게 하는 것은 사실 쉬운 일은 아닙니다. 일단 진단이라는 것에 대해 거부감을 없애야 하므로 새 학년이 되었을 때 학급의 운영과 효과적인 학습을 위해 우리 반 학생들에 대해 선생님이 꼭 파악해야 한다는 필요성을 설명하여 주고, 그래도 '전 싫어요.'라는 거부감을 보이는 학생은 강제로 임하게 할 필요는 없습니다.

학부모에게 개인정보동의서를 받는다 하더라도 검사의 주인공인 실시 대상 학생 본인에게 동의를 받는 것은 지극히 당연한 일입니다. 학년 초 새 담임에게 잘 보이고자 애쓰는 아이들의 마음이 보일 때, 3월 달 창체 시간을 넉넉히 확보하셔서 각종 진단검사를 실시하시길 바랍니다. 꼭 2~3가지의 정서검사를 실시하시길 권유드리고 좀 더 정확한 정보를 얻기 위한 번거로움이라 생각하시면 감사하겠습니다. 물론 이 결과가 피검자의 모든 상태 정보를 정확히 알려주고 있는 것은 아닙니다.

이 세상에 있는 모든 검사가 그러하지 않습니다. 검사에 임하는 그 때의 학생의 분위기, 기분 상태, 컨디션 등 개인적인 요인과 교실 환경, 교우 관계, 교사와의 관계 등 주변 환경에 영향을 받는 일이 허다합니다. 그러므로 온라인이든, 오프라인으로 시행을 하든 교사는 검사지의 문항을 꼼꼼하게 검사 실시 전에 먼저 정독하실 필요가 있으며 학생의 검사 결과가 교사가 관찰하여 본 결과와 매우 차이가 난다면 검사에 임할 시 어떤 여건에 노출되어 있었는지 주양육자와 학생에게 확인해 볼 필요가 있습니다.

검사 결과는 주양육자 뿐만 아니라 학생 본인에게도 꼭 알려주실 필요가 있습니다. 검사의 주체는 학생이기 때문입니다.

부진 학생을 지도하여 어느 정도 성공에 도달하게 하는 기쁨은 교사만이 누릴 수 있는 최고의 희열이자 성취감입니다.

잘하는 학생은 약간의 도움만으로도 좋아지기 때문에 자긍심을 가득 느낄 수 없지만 정말 다루기 힘든 부진 학생이 자기의 마음을 열고 교사의 말과 마음을 받아들이기 시작하면 말로 표현할 수 없는 자존감이 생깁니다. 그래서 전 어려워도 이 길을 걸어가나 봅니다. 선생님들께서도 교직에 계시는 동안, 다른 누군가의 인생에 행복한 전환점을 찍어주실 수 있기를 진심으로 희망합니다.

에듀테크로 학급세우기

각종 진단검사 결과는 학년 초 학급세우기, 즉 학급운영에도 활용하실 수 있습니다. 전 학급안내판을 학생들과 진단검사 분석을 하기 전에는 완성하지 않습니다. 보통 학급안내판에는 학급목표 등이 들어가는데 우리 반 학생들의 학년 초 진단검사를 실시하고 결과가 분석되면 아이들과 결과를 공유한 후 우리 반의 강점과 약점 등을 알아보고 학급회의를 실시합니다. 첫 번째로 강점을 더 강하게 하는 것으로 학급목표를 세울지, 약점을 보완하는 방법으로 학급목표를 세울 것인지 결정하고 목표로 할 항목이 결정되면 두 번째로는 목표로 할 점수를 구체적으로 정하게 합니다. 물론 T점수나 백분율 수치를 가지고 정하게 합니다.

각종 진단검사의 우리 반 항목별 평균을 구하고 표로 작성하여 한꺼번에 보이도록 하는 이유는 우리 반 학생들 모두가 학급의 구성원으로서 자신들을 되돌아보고 보다 긍정적으로 발전하는 모습을 느끼도록 하기 위함입니다. 물론 담임교사인 저는 학생들의 의견을 구체화하고 학급경영에 적용하기 위한 실천 사항들을 정리하여 1년 내내 좀 더 강조하고 다듬어 학생들이 내재화할 장면들을 수업면에서도, 일상생활 속에서도 구성합니다.

이렇게 일년을 보낸 후 동형의 검사지로 11월 또는 12월에 검사를 다시 실시하여 또 평균을 내고 학생들과 결과를 공유합니다. 물론 다 좋은 방향으로 성장하면 좋지만 그렇지 않은 경우에도 아이들이 노력한 점을 구체적으로 칭찬하고 성장하지 못한 점에 대한 반성도 하며 다시 성장할 기회를 제공합니다.

제가 사용하는 진단검사 결과표를 공유해드리자면 아래 그림과 같으며 3월초 사전진단검사와 11월 사후진단검사 결과를 비교해 드립니다.

진단검사 결과 분석

번호	이름	3.7 (진단검사) 9.25~10.6(2차 학력향상도평가)					3.8 (학습저해요인)				3.7 (사회정서역량)					3.10 (정서행동환경검사)								결과분석
		국어	사회	수학	과학	영어	인지	정의	행동	환경	정서인식표현	자기관리	공감하기	긍정관계맺기	책임행동하기	학습의지	분노	불안	학습관리	행동조절	가정환경	교우관계	교사지지	
		24	24	25	23	22	61.8	62.1	58.7	58.0	47.7	49.2	50.7	39.7	42.8	66.0	67.0	28.0	78.0	27.0	51.0	9.0	13.0	
		23	24	19	21	16	51.7	39.0	44.5	61.3	41.9	31.4	40.3	39.7	46.6	19.0	72.0	98.0	19.0	22.0	61.0	15.0	3.0	
		20	25	25	25	25	55.1	69.7	58.7	58.0	44.8	52.2	43.7	43.7	46.6	73.0	36.0	23.0	84.0	84.0	61.0	45.0	22.0	
		19	20	23	20	18	63.5	44.8	53.4	59.1	47.7	58.2	43.7	43.7	50.7	42.0	62.0	84.0	68.0	50.0	71.0	27.0	13.0	
		21	20	23	22	22	54.3	40.9	58.7	60.2	47.7	46.1	43.7	50.6	46.6	47.0	36.0	28.0	73.0	53.0	10.0	36.0	1.0	
		24	21	15	24	19	56.8	60.1	58.7	62.4	53.5	55.2	61.1	47.0	54.4	50.0	41.0	53.0	48.0	57.0	10.0	63.0	2.0	
		25	22	25	25	24	79.4	75.5	48.1	63.5	24.7	37.1	36.8	50.6	62.2	30.0	85.0	60.0	17.0	80.0	15.0	63.0	1.0	
		23	21	22	24	23	61.8	71.7	64.1	58.0	50.6	55.2	50.7	47.0	50.5	66.0	51.0	23.0	68.0	35.0	95.0	63.0	22.0	
		24	22	24	21	24	61.0	44.8	41.0	43.7	47.7	43.1	36.8	54.2	54.4	34.0	98.0	92.0	48.0	4.0	32.0	2.0	1.0	
		12	21	18	21	17	60.1	56.3	49.9	42.0	47.7	43.1	43.7	39.7	46.6	34.0	76.0	80.0	55.0	9.0	51.0	84.0	5.0	

번호	이름	3.7 (진단검사) 9.25~10.6(2차 학력향상도평가)					3.8 (학습저해요인)				3.7 (사회정서역량)					3.10 (정서행동환경검사)								결과분석
		국어	사회	수학	과학	영어	인지	정의	행동	환경	정서인식표현	자기관리	공감하기	긍정관계맺기	책임행동하기	학습의지	분노	불안	학습관리	행동조절	가정환경	교우관계	교사지지	
		25	24	23	24	25	56.8	50.5	41.0	58.0	27.5	46.1	43.7	47.0	38.9	54.0	93.0	92.0	24.0	15.0	51.0	36.0	3.0	
사전진단/사후2차/사후3차	평균	22.34	22.08	22.04	21.73	22.04	61.78	56.55	52.24	56.63	44.33	45.92	40.91	45.72	48.5	46.08	66.43	58.56	48.91	41.34	44.47	45.65	10.65	

▲ 3월 초 사전 진단검사 항목별 학급평균

진단검사 결과 분석

번호	이름	국어	사회	수학	과학	영어	인지	정의	행동	환경	정서인식표현	자기관리	공감하기	긍정관계맺기	책임행동하기	학습의지	분노	불안	학습관리	행동조절	가정환경	교우관계	교사지지	결과분석
		24	24	25	23	22	61.8	62.1	58.7	58.0	47.7	49.2	50.7	39.7	42.8	66.0	67.0	28.0	78.0	27.0	51.0	9.0	13.0	
		24	22	21	24	23					44.9	46.2	36.8	47.0	46.7	73.0	62.0	28.0	44.0	31.0	61.0	36.0	13.0	일반 사회, 도형
		23	24	19	21	16	51.7	39.0	44.5	61.3	41.9	31.4	40.3	39.7	46.6	19.0	72.0	98.0	19.0	22.0	61.0	15.0	3.0	
		23	16	15	22	21					50.6	34.2	47.3	47.0	46.7	30.0	67.0	99.0	27.0	39.0	23.0	36.0	5.0	일반 사회, 도형
		20	25	25	25	25	55.1	69.7	58.7	58.0	44.8	52.2	43.7	43.7	46.6	73.0	36.0	23.0	84.0	61.0	45.0	22.0		
		23	22	24	24	25					56.4	67.3	61.2	57.9	62.2	98.0	9.0	46.0	97.0	84.0	79.0	63.0	67.0	
		19	20	23	20	18	63.5	44.8	53.4	59.1	47.7	58.2	43.7	43.7	50.7	42.0	62.0	84.0	68.0	50.0	71.0	27.0	13.0	
		20	22	20	19	17					44.9	46.2	36.8	39.7	46.7	51.0	70.0	87.0	51.0	7.0	96.0	17.0	54.0	
		21	20	23	24	22	54.3	40.9	58.7	60.2	47.7	46.1	43.7	50.6	46.6	47.0	36.0	28.0	73.0	53.0	10.0	36.0	1.0	
		23	24	21	23	22					53.5	43.2	59.7	61.5	62.2	82.0	9.0	16.0	95.0	84.0	61.0	84.0	5.0	
		24	21	15	24	19	56.8	60.1	58.7	62.4	53.5	55.2	61.1	47.0	54.4	50.0	41.0	53.0	48.0	57.0	10.0	63.0	2.0	수와 연산
		22	22	16	24	17					39.1	46.2	54.2	50.6	46.7	34.0	62.0	94.0	64.0	60.0	23.0	5.0	13.0	
		25	22	25	25	24	79.4	75.5	48.1	63.5	24.7	37.1	36.8	50.6	62.2	30.0	85.0	60.0	17.0	80.0	15.0	63.0	1.0	
		25	24	24	23	23					36.2	40.2	47.3	50.6	50.6	38.0	100	87.0	19.0	46.0	41.0	84.0	52.0	도형
		23	21	22	24	23	61.8	71.7	64.1	58.0	50.6	55.2	50.7	47.0	50.5	66.0	51.0	23.0	68.0	35.0	95.0	63.0	22.0	
		23	21	21	22	24					62.2	52.2	43.8	61.5	62.2	69.0	30.0	9.0	58.0	60.0	95.0	84.0	69.0	도형
		24	22	24	21	24	61.0	44.8	41.0	43.7	47.7	43.1	36.8	54.2	54.4	34.0	98.0	92.0	48.0	4.0	32.0	2.0	1.0	
		20	24	22	23	22					33.5	40.2	33.4	39.7	42.8	62.0	99.0	92.0	17.0	8.0	41.0	3.0	1.0	
		12	21	18	21	17	60.1	56.3	49.9	42.0	47.7	43.1	43.7	39.7	46.6	34.0	76.0	80.0	55.0	9.0	51.0	84.0	5.0	
		21	19	20	20	18					44.9	52.2	43.8	54.3	42.8	47.0	79.0	53.0	73.0	43.0	15.0	84.0	3.0	

번호	이름	국어	사회	수학	과학	영어	인지	정의	행동	환경	정서인식표현	자기관리	공감하기	긍정관계맺기	책임행동하기	학습의지	분노	불안	학습관리	행동조절	가정환경	교우관계	교사지지	결과분석
사전진단		25	24	23	24	25	56.8	50.5	41.0	58.0	27.5	46.1	43.7	47.0	38.9	54.0	93.0	92.0	24.0	15.0	51.0	36.0	3.0	
		25	23	23	25	25					39.1	40.2	43.8	50.6	50.6	50.0	95.0	87.0	19.0	11.0	51.0	45.0	2.0	
사후 2차	평균	22.34	22.08	22.04	21.73	22.04	61.78	56.55	52.24	56.63	44.33	45.92	40.91	45.72	48.5	46.08	66.43	56.56	48.91	41.34	44.47	45.65	10.65	
사후 3차		22.95	21.68	22.05	21.73	21.95					47.61	47.85	46.32	51.12	50.02	50.09	63.31	56.86	51.40	42.68	51.45	49.54	23.88	

▲ 11월 사후 진단검사 항목별 학급평균

번호	이름	국어	사회	수학	과학	영어	인지	정의	행동	환경	정서인식표현	자기관리	공감하기	긍정관계맺기	책임행동하기	학습의지	분노	불안	학습관리	행동조절	가정환경	교우관계	교사지지	결과분석
사전진단	평균	22.34	22.08	22.04	21.73	22.04	61.78	56.55	52.24	56.63	44.33	45.92	40.91	45.72	48.5	46.08	66.43	56.56	48.91	41.34	44.47	45.65	10.65	
사후 2차		22.95	21.68	22.05	21.73	21.95					47.61	47.85	46.32	51.12	50.02	50.09	63.31	56.86	51.40	42.68	51.45	49.54	23.88	
사후 3차																								

번호	이름	3.7 (진단검사) 9.25~10.6 (2차 학력향상도평가)					3.8 (학습저해요인)				3.7 (사회정서역량) 11.6~8 (사회정서역량)					3.10 (정서행동환경검사) 11.6~8(정서행동환경검사)								결과분석
		국어	사회	수학	과학	영어	인지	정의	행동	환경	정서인식표현	자기관리	공감하기	긍정관계맺기	책임행동하기	학습의지	분노	불안	학습관리	행동조절	가정환경	교우관계	교사지지	
사전진단	평균	22.34	22.08	22.04	21.73	22.04	61.78	56.55	52.24	56.63	44.33	45.92	40.91	45.72	48.5	46.08	66.43	56.56	48.91	41.34	44.47	45.65	10.65	
사후2차		22.95	21.68	22.05	21.73	21.95																		
사후3차											47.61	47.85	46.32	51.12	50.02	50.09	63.31	56.86	51.40	42.68	51.45	49.54	23.68	

▲ 사전·사후 진단검사 항목별 비교

※ 긍정변화: 보라색 부정변화: 빨간색

제4장

특수교육의 경계에 있는 학생에 대한 이해와 지도

4장의 주제는 특수교육의 경계에 있는 학생 이해하기, 특수교육의 경계에 있는 학생 심층 분석 및 지도하기, 특수교육의 경계에 있는 학생의 기초학습을 위한 에듀테크 순으로 이루어져 있습니다. 이번 주제를 통해 조금이나마 교실의 선생님, 가정의 보호자, 무엇보다 특수교육의 경계에 있는 학생에게 도움이 되기를 바랍니다.

특수교육의 경계에 있는 학생 이해하기

   일반 학생 중 학습지원 대상학생을 위한 기초학력 지도에서 특수교육의 경계에 있는 학생이라는 주제에 대해 그 경계는 어떻게 나누는 것일까 궁금하신 분들이 계실거라 생각합니다. 특수교육의 경계에 있는 학생이라는 제목을 지을 때 '진단을 하는 사람' 입장에서 제목을 짓지 않고, '교사'의 눈에서 바라보려고 노력했습니다. 현재 학교의 시스템은 집단의 규모로만 비교했을 때, 대집단을 대상으로 하는 일반학급과 소집단 또는 개별 학생을 대상으로 하는 특수학급 시스템으로 이루어져있습니다. 일반학급 교사의 입장에서 기초학력지도가 필요한 학생을 반복적으로 지도를 하였음에도 학습 성장에 대한 의문을 주는 그룹을 '특수교육의 경계에 있는 학생'이라고 이름 지었습니다. 말 그대로 경계이기에 '이럴 수도 있고 저럴 수도 있는', 때로는 '선생님의 마음을 복잡하게 하는' 그룹일 수 있습니다. 진단을 하는 사람의 입장에서는 정해진 검사가 있고, 검사별로 정해진 점수가 있기에 어떤 면에서는 학생을 분류하기에 수월합니다. 그런데, 교사의 입장에서 바라보면 진단이라는 벽이 상당히 높습니다. 진단이라는 단어 자체로 보호자에게 거부감을 일으키기도 하고 진단의 전문성에 대한 벽에 부딪히기 때문입니다. 그렇다고 필요한 순간에 전문가의 도움을 쉽게 받기도 어렵습니다. 학교에서 만나는 학생들을 교사의 시각으로, 그리고 학교에서 할 수 있는 방법을 중심으로 이번 장을 서술하려고 합니다.

"P선생과 같은 이상한 증상을 보이는 환자를 대할 때면
우리는 그러한 경우가 '독특하고 유례없는 경우'가 아닐까 하고 걱정한다."[1]

   정신과 의사인 올리버 색스가 만난 사람(환자)과의 일상을 따뜻하게, 그러나 전문적으로 풀어낸 책인 '아내를 모자로 착각한 남자'의 일부 문장입니다. 올리버 색스는 정신과 의학지를 보며 이상할 정도로 똑같은 사례를 발견했을 때, 아주 큰 흥미로움과

---

[1] 올리버 색스(1985). 아내를 모자로 착각한 남자. 서울:알마.

반가움을 느꼈고, 일종의 안도감까지 느꼈다고 합니다. 서로의 사례를 공유하고 사례의 공통성을 발견하는 것은 중요합니다. 한 학교에 근무하는 일반학급 교사와 특수학급 교사는 어려움을 보이는 한명의 학생을 보고도 다르게 바라보기도 합니다. '독특하고 유례없는 경우'가 아닐까 생각할 수 있지만, 경계에 있는 학생일수록 누가 옳고 그른 것은 없다고 느껴집니다. 필자는 교실에서 독특하고 유례없어 보이는 경우도 사례를 수집해보면 어려움을 나타내는 유형이 군집으로 나뉠 수 있다고 생각합니다. 군집으로 묶어 사례를 나누어보면, 나누는 것만으로도 안도감과 공감과 앞으로 나아갈 힘을 얻을 수 있습니다. 또 그에 맞는 지원 방법을 비슷한 상황에 있는 사람들이 모여 고민할 수 있습니다. 그렇기에 이번 장을 나누는 마음으로 서술했습니다.

특수교육의 경계에 있는 학생들은 때로는 눈에 띄는 행동 또는 학습 패턴으로 인해 종종 장애로 오인되기도 합니다. 느린학습자, 경계선급 지능 학생, 난독증 학생, 학습지원 대상학생, 특수교육 대상학생은 어디에나 있지만, 그 이름 자체가 그 아이는 아닙니다. 이번 소주제에서 다루는 내용이 학생을 라벨링하기 위한 소주제가 아니라 특수교육의 경계에서 또는 교육 사각지대에 있는 학생들을 위한 실제적인 도움이 되는 장이었으면 합니다.

보통 일반학급에서 특수교육대상자로 의뢰되는 학생의 공통점을 살펴보면 아래의 세 가지 공통된 상담 내용을 가지고 있습니다.

> – 학년 성취기준과 학생의 현재 학습수행수준에 해당하는 성취기준의 학년 차이
> – 학년을 걸쳐 지속적, 반복적으로 다양한 환경에서 관찰되는 학습 또는 학교 적응의 어려움
> – 반복적, 지속적인 개별 지도의 필요성

특수교육의 경계에 있는 학생과 관련된 소주제는 실제 사례를 중심으로 다루고자 합니다. 정서 · 행동적 지원이 필요한 학생, 난독증으로 의심되는 학생, 반응 속도가 느린 학생, 발달지체로 배치된 특수교육 대상학생의 사례를 실었으며, 학교에서 담임

교사에 의해 교사 대 교사로 특수교사에게 주로 상담되는 학생들의 사례라고 판단됩니다. 사례의 학생은 초1~2학년의 학생으로 하였습니다. 영유아기에는 영유아검진으로 보건소 혹은 병의원에서 아이가 발달이정표를 따라 잘 성장하고 있는지 점검해볼 수 있는 기회가 있습니다. 그런데 학령기에는 도움이 필요한 학생이 또래의 발달 중 어느 지점에 위치하는지 의사의 도움을 받아 점검할 수 있는 기회가 영유아기처럼 흔하지 않습니다. 대게 학교에서는 학력의 이정표(?)로 교육과정 성취기준을 참고합니다. 초등학교 3학년 이상의 경우에는 성취기준 도달정도가 2학년 이상 차이 날 때(예: 3학년 2학기 재학 중인 학생이 1학년 1학기 성취수준을 보임), 특수교육으로의 의뢰를 생각해보게 됩니다. 하지만, 도움이 필요한 초등학교 1학년~2학년의 경우에는 학생 간에 성취수준 차이로 어려움이 나타나기보다 교사의 관찰에 의해 어려움이 발견되는 경우가 많습니다. 특수교육의 경계에 있는 학생에 대한 여러 학년의 사례가 있지만 특히 저학년 특수교육의 경계에 있는 학생일수록 학생 진단, 학부모 상담, 특수교육 의뢰 등에 어려움을 보입니다. 그래서 초등학교 1학년~2학년 학생의 사례를 중심으로 다루게 되었습니다. 특수교육에의 의뢰를 위해서는 학생의 교육과 더불어 학부모 상담은 매우 중요하기에 학부모 상담과정을 포함하여 본 장을 서술하였습니다. 지도 과정에서 에듀테크는 학습 자료, 교육적 진단, 학부모 상담에 활용하기도 하였습니다. 소개된 방법을 중심으로 더 나은 교육 방법을 상상하며 읽어주시면 좋겠습니다.

Q **학습지원 대상학생 중 특수교육의 경계에 있는 학생이란 어떤 학생을 의미하나요?**

특수교육의 경계에 있는 학생은 일반학급에서 학습이나 정서적인 어려움으로 담임교사 또는 학부모가 특수교사에게 상담을 요청하거나 특수교육으로의 연결을 위해 진단·평가가 의뢰되는 학생을 뜻합니다. 특수교육의 경계에 있는 학생에는 누적된 학습부진, 경계선급 지능, 지적장애, 학습장애 등 장애가 의심되는 학생이 포함될 수 있습니다. 새 학년으로 진급할 때 새로운 담임 교사에게 특수교육의 경계에 있는 학생의 개별 지도 필요성을 반복적으로 언급하면 학생의 어려움에 초점이 맞춰지는 경향이 있습니다. 학생의 어려움을 정확하게 진단하고 명명하는 절차도 필요하지만, 근본적으로 교육이라는 큰 틀 안에서 바라보는 시각을 잃지 않는 것이 중요합니다.

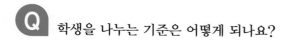 학생을 나누는 기준은 어떻게 되나요?

일반교육과 특수교육 사이에서 학생을 이분법적으로 나누는 것은 어렵습니다. 학생들이 보이는 학습 수행 수준은 스펙트럼과 같아서 '대집단 수업이 가능한 학생' vs '개별 수업이 필요한 학생'으로 나눌 수 없습니다. 다만 학생의 어려움을 분석하고 단계적으로 근거 기반의 실제를 점점 강도 있게 적용해봄으로써, 학생이 학습에 계획된 접근의 강도를 어느 정도로 필요로 하는 학생인지 가늠해볼 수 있습니다. 이론적으로는 중재–반응 모델이라는 개념이 있습니다. 일반교육과 특수교육을 이분화하지 않고 연속되는 개념으로 제시하였는데, 아직 공식적인 절차가 마련되어 있지 않기에 아래의 그림으로 대략적인 의미를 살펴봐주시면 좋겠습니다.

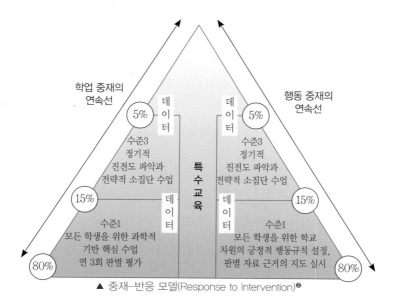

▲ 중재–반응 모델(Response to Intervention)[2]

---

❷ 김동일 역(2021). 중재반응(RTI)기반 학습장애 진단 평가. 서울:박영스토리.

Q 근거 기반의 실제란 무엇인가요?

근거 기반의 실제란 여러 번에 걸쳐 교육적 효과가 입증된 교육방법을 의미합니다. 일반적으로 대집단 수업에서 어려움을 보이는 학생에게 소집단 수업을 실시하거나, 1:1 수업을 실시하는 것 또한 효과가 입증된 교육방법이며, 수업 중 실시하는 또래교수도 효과가 입증된 근거 기반의 실제입니다. 이 장에서 다루는 근거 기반의 실제는 학습부진, 경계선급 지능, 지적장애, 학습장애 학생 등에게 효과가 입증된 교육방법을 이야기합니다. 장애가 있는 학생을 위해 고안되고 효과가 입증된 근거 기반의 실제들을 학습부진 학생을 포함한 일반교육 현장에 접목시키는 연구도 다수 있습니다.

이 장에서는 장애가 의심되는 학생들에게 활용해볼 수 있는 근거 기반의 실제를 다룹니다. 단, 근거 기반의 실제를 적용하려는 학생의 어려움을 파악하고, 그에 맞는 목표와 기대가 분명할수록 도움이 됩니다.

예를 들어, 난독증이 의심되는 학생에게 난독증에 효과적인 교수방법을 적용할 때에는 한글해득능력이 좋아지고 있는지에 집중해야합니다. 자신에게 적합한 교수방법에 따라 주의집중능력이 부수적으로 좋아질 수 있지만, 난독증에 효과적인 근거 기반의 실제를 적용하고 학생의 한글해득수준과 주의집중능력의 향상 두 마리 토끼를 반드시 다 잡을 수 있는 것은 아니라는 의미입니다. 근거 기반의 실제는 어쩌면 처방과 같아서 장애가 의심되는 학생에게 그에 효과적인 교육방법을 적용해봄으로써 학생이 지닌 어려움을 파악하는 것입니다.

가령 A교사의 학급에 경계선급 지능 또는 지적장애가 의심되는 초등학교 1학년 학생이 있다고 가정합니다. 난독증이 아니라 경계선급 지능 또는 지적장애가 의심되는 학생입니다. 학생은 한글 미해득으로 1학년 2학기가 되었지만 한글 학습에 차도를 보이지 않습니다. 교사는 수업 중 반복해서 나오는 학습 내용(한글)임에도 불구하고 학습에 차도가 나지 않는 학생을 보고 도움을 주고자 직접 방과 후에 개인 지도하고자 하였습니다. A교사가 경계선 급 지능 또는 지적장애로 의심하는 이유는 평소에도 집중과 기억에 어려움을 보이는 학생이었기 때문입니다. 이 학생에게 근거 기반의 실제를 적용하고자 한글 학습을 주 1회 월요일마다 40분씩 지도했습니다. 첫 차시에도 학습 내용을 이해한 듯했고, 두 번째 차시에도, 세 번째 차시에도 학습 내용을 곧잘 이해하는 것 같아 보였습니다. 한 달 후, 학생의 한글 평가 결과 '이럴수가!' 다시 한 달 전 모습 제자리입니다. 학생이 경계선급 지능 또는 지적장애가 의심되는 상황이라면 근거 기반의 실제로 주의집중과 기억에 관련된 교수 방법을 적용해야 합니다. 학생에게 적합한 근거 기반의 실제로는 '조금씩 자주 반복해서' 지도하는 방법이 있습니다. 주 1회 40분 지도를 주 3회 10~15분씩 지도로 바꾸거나, 그마저도 하루 중에 5~10분씩 쪼개어 아침맞이 시간, 점심시간, 하교시간을 활용할 수 있습니다.

학습 내용이 잊어지기 전에 상기 시켜주고, 학습 내용에 집중할 수 있도록 교사가 의도적으로 집중할 시간을 마련해주는 것입니다. 그럼에도 불구하고, 진전을 보이지 않는다면 학생은 이미 주의집중과 기억에 어려움을 보이고 있고, 다른 어려움을 동반하지는 않았는지 다시 진단해야 하는 때입니다.

유아기에서 초등기에는 학생의 어려움이 뚜렷하게 나타나지 않을 수 있습니다. 왜냐하면 또래나 성인과의 의사소통하는 방법을 배워가는 시기, 즉, 아직은 미성숙한 시기에 주 어려움의 원인(예 난독증)이 부수적인 어려움(예 주의집중의 어려움)을 동반할 수 있기에 정확한 어려움이 뚜렷하게 나타나지 않을 수 있습니다. 하지만, 학령기의 학생에게 자신의 내적 인지과정과 또래 친구들의 내적 인지과정을 객관적으로 비교하고, 자신의 어려움을 적극적으로 어필하는 것을 기대하기 어렵습니다. 그것은 성인에게도 마찬가지입니다. 조금은 먼저 인생을 살고 있는 선배로서 부모나 교사가 학생의 어려움을 적극적으로 확인하는 것은 조기개입 측면에서 큰 도움을 줄 수 있습니다.

Q '진단'이라는 단어가 많이 나와서 진단의 의미가 헷갈립니다. '교육적 진단'과 '장애 진단'은 다른 개념인가요?

크게 교육적 진단은 학생을 가르치는 과정에서 교사가 학생에 대한 수준을 파악하고, 성장하는 과정의 자료를 수집하는 모든 것을 의미합니다. 장애 진단은 장애 관련 서비스를 제공받기 위해 어떤 사람에게 장애가 있음을 확인하고 검증하는 절차라고 할 수 있습니다. 행정 절차는 진단명을 요구합니다. 장애가 의심되는 학생을 진단 의뢰한다고 해서 모두 장애 진단을 받는 것은 아닙니다. 장애의 유형에 따라 정해진 기준이 있고, 그에 부합해야 장애 진단을 받을 수 있습니다. 예를 들어, 지적장애가 의심되는 학생은 지능검사와 적응행동검사를 실시하여 또래 학생들과의 차이가 −2 표준편차 이상 나는지를 진단평가하고, 학습장애가 의심되는 학생은 지능검사와 기초학습기능검사 등을 실시하여 잠재된 능력(예: 지능)에 비해 기초학습능력이 또래 학생들과 얼마나 벌어져있는지를 진단평가합니다. 따라서, 장애가 의심되는 학생이 있을 경우에는 장애 진단 의뢰를 위해 보다 체계적인 분석이 필요합니다.

"〈진단할 수 없는 것〉과 아동을 이해할 수 없다든가 도울 방법을 못 찾겠다는 것은
다른 문제다. 범주는 찾아내지 못해도 이해나 도움은 가능하다.
거꾸로 범주에 들어가는 것만으로는 이해나 도움이 되지 못한다.
왜냐하면 범주는 그 아이와 거리를 둔 바깥에 있고,
이해나 도움은 아이 자체를 향하기 때문이다. 이 차이를 깊이 새겨 둘 필요가 있다.
중요한 것은 무엇을 위한 범주인가를 생각하는 일이다."[3]

---

❸ 다키카와 가즈히로(2020). 아이를 위한 정신의학. 경기:열린책들.

Q 학생의 상황과 학교의 실정 등을 고려했을 때, 개별적으로 지도하기 어려운 환경입니다. 어떤 방법으로 개별적인 접근을 실천할 수 있을까요?

좋은 질문입니다. 아이를 잘 알고 있는 교사가 학생을 지도하는 것이 가장 좋지만, 때로는 관련 전문가가 보아야 더 정확하고 객관적일 수 있습니다. 시도교육청의 기초학력 관련 운영계획을 참고하여 찾아가는 맞춤형 상담, 방학 중 한글해득 프로그램, 난독 학생 바우처 지원, 경계선급 지능 학생 지원 등의 서비스를 찾아보면 도움이 됩니다. 지도가 필요한 학생의 부모에게 필요한 교육 내용과 자료에 대해 코칭함으로써 부모가 학생의 성장을 적극적으로 돕고, 학생을 객관적으로 바라볼 수 있는 기회를 제공하는 것도 좋습니다.

Q 특수교육의 경계에 있는 학생에게 적합한 맞춤형 교재 또는 교구가 따로 있을까요?

찾아보면 교수 방법(혹은 교수 전략)과 개발된 자료들이 많지만, 학생을 심층 진단하고 진단에 따른 교수 방법을 적용하는 것이 핵심이라고 볼 수 있습니다. 개발된 자료와 학생에게 적합한 교수 방법을 적용한 사례는 다음 소주제에서 소개하겠습니다.

같은 학습 수준을 요구하는 여러 가지 자료가 있으면 학생이 완전하게 학습하기까지 지루하지 않게 반복할 수 있습니다. 맞춤형 교재로 사용하려면 수업 전 개발된 자료들 중 학생에게 적합한 자료가 무엇인지 검토하는 작업이 필요할 수도 있습니다. 예를 들어, 같은 숫자 3을 배우는 자료라 하더라도, 어떤 자료는 숫자를 쓰게 되어있고, 어떤 자료는 그림이 제시되어 있어 손가락으로 짚어가며 셀 수 있는 자료가 있는가 하면, 어떤 자료는 스토리텔링으로 구성되어 있어 단순히 수를 세는 것을 넘어 많은 인지적 처리를 필요로 합니다. 학생의 수준과 요구에 따라 자료를 검토한 후 접근하는 것이 필요합니다.

특수교육의 경계에 있는 학생 심층 분석 및 지도하기

특수교육의 경계에 있는 학생의 어려움을 일반교사-특수교사-학부모가 함께 심층적으로 분석하고 지도한 사례를 중심으로 이번 소주제를 풀어나가려고 합니다. 초등학교 1~2학년 총 4명의 사례이며 그 중 3명은 일반교육 환경에서 근거 기반의 실제를 적용한 사례이고, 1명은 특수교육 환경에서 근거 기반의 실제를 적용한 사례입니다. 각 사례별로 (1) 의뢰 사유, (2) 교육적 진단을 통한 심층 분석, (3) 학습 수준에 따른 목표와 교수방법 정하기, (4) 목표 달성을 위한 학부와의 협력, (5) 총평 순으로 접근합니다. 소개된 사례에서 제시되는 학생의 반응 또는 학생의 학습수행수준 등은 학생의 개인정보 보호를 위해 필자가 경험한 다양한 임상 사례를 바탕으로 재구성하고 가공하였으며, 교육 자료와 교육 내용 등은 실제 사례를 기반으로 소개하였습니다.

각 사례에서는 기본적인 교수방법으로 직접교수법(DI)을 적용하였는데, 여기서 적용된 직접교수법(DI)은 학습이 부진한 학생에게 명료하게 학습 내용을 가르칠 수 있도록 하는 일종의 수업 설계입니다. 이 교수 방법은 목표를 세분화하고, 가르칠 내용을 어떻게 명료하게 제시할지 그 방법과 절차를 수업 이전 미리 설계하고, 오류에 대한 피드백, 그리고 평가 전반에 관련된 내용을 다루지만, 이 모든 것을 적용하기에 한계가 있어 모든 방법을 다 적용시키지는 못하였습니다. 다만, 직접교수법에 제시된 다양한 교수 전략을 학생의 학습 수준과 보이는 행동패턴에 적합한 것으로 2~3가지 선택하여 활용하였습니다.

또, 사례별로 특수교육에서 자주 활용되는 근거 기반의 실제를 한 가지씩 소개하였습니다. 어쩌면 전문적인 이름을 붙이지 않았지만 이미 교실에서 자주 사용되는 방법이라고 생각됩니다. 이번 기회에 선생님께서 교실에서 지도하는 방법에 대해 이론적 근거에 기반한 확신을 얻으셨으면 좋겠습니다.

제시된 4명의 사례는 각 학생이 뚜렷한 의미를 가지고 있다 판단하여 소개하게 되었습니다.

A 학생은 정서·행동적인 어려움으로 인해 1학년 학생으로서 습득해야 할 학습내용을 충분히 숙지하는 것에 영향을 받았습니다. 학생에게 적합한 정서·행동적 지원은 학생의 잠재된 학습능력을 이끌어내는데 도움을 주었습니다.

B 학생은 난독증으로 의심되는 여러 가지 행동을 관찰할 수 있었습니다. 어디까지나 의학적 진단이 없기에 의심이었을 뿐이지만 난독증에 적합한 근거 기반의 실제, 학부모 교육을 통해 늦지 않게 적합한 교육을 받아 1학년이 마무리되기 전에 책을 느린 속도로 스스로 읽을 수 있었습니다.

C 학생은 결과적으로 개별적인 교육을 실시하지 않았지만, 어떤 학생은 알고 있는 것을 응답하는 데 많은 시간을 필요로 한다는 중요한 사실을 깨닫게 해주었고, 심층적인 교육적인 진단으로 담임교사와 학부모의 의견차를 좁혀준데 의의가 있다고 생각합니다.

마지막으로 D 학생은 학습의 속도가 느리고, 정서·행동적 어려움도 있으며, 일반교육과 특수교육 사이의 경계에서, 그럼에도 불구하고 자신의 속도로 앞으로 정진하는 학생이었습니다. 학생이 학습을 하는 모습도 의미가 있지만, 적절한 시기에 또래와 함께 교육과정에 잘 접근할 수 있도록 노력하는 선생님과 부모의 역할도 빛났습니다. 늘 성공하는 학습만 가득할 수 없습니다.

그러나 학습지원 대상학생, 그리고 어쩌면 그 안에 함께 있을 특수교육의 경계에 있는 학생을 위한 선생님의 노력은 그 학생의 마음과 학교생활에 따뜻한 씨앗이 되어 줄 것입니다.

정서·행동적 지원이 필요한 학생 진단 및 지도하기(초1, 남)

1) 의뢰 사유

- 한글 미해득으로 인한 학습 활동에 부진한 참여 (주 사유)
- 잦은 학급 이탈 등으로 인해 진단을 시도하는 것에 어려움
- 친구들의 관심을 받고자 하는 행동의 강도가 세고 빈번함

2) 교육적 진단을 통한 심층 분석

가) 진단 목적 및 소요 시간, 절차 안내

학생에게 진단의 목적이 '무엇을 얼마나 알고 있는지', '무엇을 모르는지' 알아보는 과정이라는 점과 그것이 학생에게 어떤 도움을 주는지를 안내하였습니다. 어떤 검사 도구를 활용하는지, 시간은 얼마나 소요되는지, 진단 절차는 어떠한지에 대해 미리 설명함으로써 진단에 대한 불안을 낮추고 진단에 집중할 수 있도록 독려하였습니다.

나) 진단 도구

(1) 한글 또박또박

한글 또박또박 검사 결과, 복잡한 모음, 복잡한 받침에서 한글 해득을 위한 보충학습이 필요한 수준으로 나타났습니다.

> **❝ 교사의 TIP**
>
> 온라인의 '한글 또박또박' 사용이 어려운 경우, 국가기초학력지원센터의 '찬찬한글' 오프라인진단도구로 대체할 수 있습니다.
>
> - https://k-basics.org/user/studyView.do?menuSeq=666&datadetailSeq=485

(2) 한국어 읽기검사(KOLRA)

한국어 읽기검사 결과, 자소-음소 일치형 낱말은 오류가 없으나, 자소-음소 불일치형 낱말은 오류가 빈번한 것으로 나타났습니다.

예 자소-음소 일치형: 나방-나방

자소-음소 불일치형: 김밥-김빱, 낳아-나아

다) 진단 중 관찰된 행동

- 제시된 모든 문항에 응답하려 시도함
- 몇몇 문항은 잠시 문항을 응시하며 머뭇거리다가 "선생님, 언제 끝나요? 그만하고 싶어요." 또는 "이건 뭐지?"하며 응답을 회피함
- 응답을 회피하는 중에도 학생이 알고 있는 문항이 제시되면 즉각 응답함
- "엄마한테 뭐라고 말할거예요?"라는 질문을 2~3회함
- 좋아하는 게임에 대해 공통의 관심사를 요구함
- 약속된 진단 종료 시간이 다가오자 자리를 빈번히 이탈함

라) 진단에 따른 강점과 보완해야할 점 파악

(1) 학습 측면

학생의 학습 강점으로는 한글 미해득으로 추정되었으나, 보충학습이 필요한 영역(복잡한 모음과 받침) 외의 영역에서는 낱자-소리 대응을 헷갈리는 모습 없이 자신 있게 응답하는 모습을 보였다는 점이었습니다. 한글 해득이 되었다고 진단된 영역에서 학생이 소리를 혼동하거나 낱자에 해당하는 소리를 기억하기 위해 애쓰는 모습을 보였다면 반드시 복습 과정을 거쳐 탄탄하게 다졌을 것입니다.

한글도 위계가 있는 문자이기에 기본 자음과 모음을 자신 있게 변별하고 소리 낼 수 있을 때까지 기반을 다져야 합니다. 하지만, 이 학생의 경우 복잡한 모음과 받침 외의 부분에서는 자신 있게 변별하고 소리 내는 모습이 강점으로 나타났습니다. 보완

해야할 점으로는 학생이 1학년 2학기였던 점을 고려하면 국어 시간 뿐만아니라 다른 교과 수업시간에도 어려움을 보였을 것으로 보이며 학습의 어려움과 더불어 정서행동의 어려움이 함께 나타났기에 학교 적응 및 학습의 어려움의 원인이 어디에서 기인하는지 명확하게 알아볼 필요가 있었습니다.

(2) 정서 · 행동 측면

정서행동 측면에서 강점은 알고 있는 것을 명확하게 응답하고, 시도해보려는 태도입니다. 알고 있는 것을 명확하게 응답하고, 시도해보려는 태도는 곧 학습 동기와 이어지고 학습 동기는 시기 적절한 보충학습에 큰 윤활유가 되어주기 때문입니다.

모르는 것을 회피하기 위해 주의집중의 초점을 바꾸는 행동이나 상황에 적절하지 않은 관심 끌기 행동을 하는 것은 보완해야할 점으로 주의 깊게 보았습니다. 왜냐하면 학습과 관련된 정서행동 측면으로는 과제에 약간의 도전적 요소가 들어 있을 때 쉽게 포기하는 모습을 보일 수 있어, 이 부분은 점진적으로 도전적인 과제에 흥미를 붙일 수 있도록 할 필요가 있었습니다.

또, 생활적인 측면에서는 개별 지도 이전에 학생의 정서적 욕구가 충족될 수 있도록 가정에서 학생과 충분한 대화를 할 수 있도록 하였습니다.

3) 학습 수준에 따른 지도 목표와 교수방법 정하기

> • 사용할 전략: 직접교수법, 자기점검
> • 사용할 교재: 찬찬한글 학생용

가) 학습 측면

학습 측면에서는 직접교수법의 세 가지 전략을 활용하였습니다. 첫째, 제한된 주의집중 시간과 모르는 것을 회피하는 행동을 최소화하기 위해 학습할 내용의 양을 조절하였습니다. 지도 한 회기 당 3개 이하의 학습요소를 제시하였습니다. 학습 요소를 구성할 때에는 단원의 한 차시가 아니라 교과서에 제시된 한 차시 내용 중에서도 위계를 다시 나누어 학습해야 할 내용을 잘게 나누어 구성하였습니다. 둘째, 잘게 나누어진 학습 요소에는 완전학습을 지향했습니다. 학습과 관련된 효능감은 '제대로' 알고 있는 것에서 비롯될 수 있습니다.

따라서 학습된 내용이 95%이상 정확성을 보일 때 그 다음 학습 요소를 도입하였습니다. 다음 학습 요소는 1~2개로 하여, 이미 알고 있는 것과 새로 배우는 내용이 혼동되지 않고 누적되도록 했습니다. 셋째, 학습된 내용이 누적되어 양이 많아지면, 학습한 내용을 무작위 배치하여 정확하게 읽는지 점검하며 진행하였습니다. 이미 학습한 내용이라 할지라도 시간이 지나 흐릿해지는 경우가 있습니다. 따라서, 학습된 내용이 잘 유지되고 있는지 확인하며 학습을 진행하였습니다.

나) 정서 · 행동 측면

정서행동측면에서는 첫째, 주의집중의 초점을 바꾸는 행동과 자리 이탈행동을 최소화하기 위해 자기점검을 실시했습니다. 자기 점검이란 자기 관리(self-management) 기술 중 하나의 전략입니다. 자기 관리 기술이란, 학생이 스스로 자기 행동을 관리할 수 있도록 가르치는 것을 자기 관리 기술 교수라고 한다. 자기 관리 기술에는 목표설정, 자기기록, 자기평가, 자기강화, 자기교수, 문제해결기술, 분노조절 기술, 긴장완화훈련 등이 있습니다. 그 중 자기점검은 자신의 특정 행동 빈도를 점검하는 전략입니다. 자신의 행동을 모니터링함으로써 스스로의 행동을 객관적으로 바라보고, 조절할 수 있도록 돕는 전략입니다. 모니터링 방법으로는 수업 중 자리 이탈행동이 발생할 때마다 스스로 체크하여 수업 시간 중 자리이탈행동이 몇 회 일어났는지 점검하는 방법으로 진행하였습니다. 둘째, 관심 끌기 행동을 최소화하기 위해 부모와의 1:1 학습지도 및 대화 시간을 통해 충분한 관심을 제공했습니다.

4) 목표 달성을 위한 학부모와의 협력

근거 기반의 실제를 적용하며 특수교육의 경계에 있는 학생을 지도할 때에는 학생의 인지적 특성 혹은 정서적 특성에 기반하여 처방적인 접근을 하게 됩니다. 따라서 처방적인 접근이 효과적이려면 가정과의 연계는 필수입니다. 같은 목표와 방법으로 연계하여 지도한다면 효과는 배가 되고, 목표 달성에 걸리는 시간은 짧아질 수 있습니다. 하지만, 같은 목표와 같은 방법을 활용하기는 여간 쉬운 일이 아닙니다. 학부모와 현재 학생의 학습 수행수준과 관찰된 행동, 학급에서 요구되는 목표 사이의 격차를 안내하고, 관찰된 행동을 근거로 일어날 수 있는 상황을 안내하였습니다. 예를 들어, 관찰된 행동과 학생의 현재 수행수준은 수업 상황에서 어떤 모습으로 발현될 수 있는지를 설명합니다. 교육적 진단 내용과 지도 목표, 지도 전략, 지도 교재 등을 안내하며 가정에서도 동일한 방법으로 지도하기로 합니다. 여기서 지도 목표는 왜 잘게 나누었는지, 지도 전략은 왜 자기점검법인지 등을 설명하며 근거 기반의 실제를 통해 학생에게 필요한 지원의 강도를 알아보고자 함을 소통하였습니다. 학교와 가정에서는 자기점검법 및 학교에서 제공한 교재와 영상을 활용하여 한글 1:1 지도를 하기로 했습니다. 그럼에도 불구하고 진전이 더디면 근거 기반의 실제가 추가로 실시될 수 있음을 협의하였습니다. 학생은 일주일 후, 한글이 모두 해득되어 1:1 지도를 종결하기로 했습니다.

5) 총평

학생은 학습에 집중할 수 있도록 뒷받침되는 전략이 필요하였습니다. 학습이 시작되기 전에 정서적 욕구를 충족시켜주는 것과 자신을 직접 모니터링하는 자기점검법을 통해 행동이 개선되자 학생이 가지고 있는 가능성을 학습에서 충분히 발휘할 수 있는 계기가 되었습니다. 또한, 가정과의 협력이 효율적인 진전으로 이끌어주었습니다. 교사와 가정이 학생의 교실 안 부적응 행동에 대해 적절한 전략을 찾고 적용해볼 수 있는 기회를 제공하였습니다. 교사와 가정이 함께 해결방안을 모색하고 어려움을 극복하기 위해 의사소통에 참여하는 것은 어려운 일이지만, 어려움에 초점을 두기보다 '어떻게 할 것인가?'에 초점을 두어 소통했을 때, 많은 도움이 되었습니다. 학습에 어려움을 가져오게 만드는 주 원인되는 행동에 대한 진단과 지원 전략이 학습을 포함한 학교생활 전반에 긍정적인 영향을 주었습니다.

난독증이 의심되는 학생 진단 및 지도하기 (초1, 남)

1) 의뢰 사유

- 한글 미해득(주 사유)
- 담임교사가 1학년 1학기 동안 방과후 15분씩 받침 없는 단어 카드 3개로 지속적 · 반복적으로 지도하였으나 차도가 보이지 않음
- 혀 짧은 소리와 모호한 발음을 함
- 반복 지도한 단어를 쓸 때, 음절의 순서와 초성, 중성, 종성 순서에 따라 쓰지 않고 기억나는 것부터 씀
- 학부모가 학생의 교육에 열성적이나 담임교사에게 비협조적인 태도로 인해 학생이 특성에 적절한 교육을 받지 않으면 누적된 학습결손이 계속될 것이 우려됨
- 수업 참여 행동에는 도움이 필요하지 않으나, 한글과 관련된 과제가 제시되면 주의집중이 흐트러져 주변 친구들에게도 영향을 줌

2) 교육적 진단을 통한 심층 분석

가) 진단 목적 및 소요 시간, 절차 안내

나) 진단 도구

(1) 한글 또박또박

한글 또박또박 검사 결과, 기본 자음과 모음 1개씩 정반응 하였으며 '한글 미해득' 수준으로 나타났습니다.

다) 진단 중 관찰된 행동

- 모든 문항에 "음~"하거나 "(교사를 쳐다보거나 교실을 둘러보는 행동)"을 하며 2~3초 씩 반응을 늦게 보임
- 반응이 느리지만 모든 문항에 반응하려 애쓰는 모습을 보임
- "(모음 '이'를 보며) 이거 고양이 카드에서 본건데, 음, 음"과 같이 자음과 모음을 이해하고 응답하는 것이 아닌 기억력에 의존하려는 모습을 보임
- 모호한 발음으로 응답하려고 함
- "엄마랑 어제 공부했는데"와 같이 자신의 노력을 어필하는 말을 함

라) 진단에 따른 강점과 보완해야할 점 파악

(1) 학습 측면

학생의 학습 강점으로는 아는 것과 모르는 것을 정확하게 구분한다는 점이었습니다. 한글해득수준 진단 상황에서 자신이 아는 자음과 모음은 자신 있게 대답하는 모습을 보였습니다. 아는 것과 모르는 것을 구분할 수 있다는 것은 학생과 교사와의 소통에서도 많은 도움을 줍니다. 학생이 모르는 것에 대해 '몰라요'라고 말할 수 있기에 모르는 것을 가르칠 수 있습니다. 아는 것을 자신 있게 대답하고 진단에 열심히 참여하려는 의지와는 다르게 한글 학습을 위한 자원(자모음 소리 변별 및 소리-글자 대응 능력)이 또래에 비해 부족하여 학습에 곤란을 겪고 있을 것으로 판단되었습니다. 대부분의 글자를 통글자로 기억하려고 애쓰고 있었습니다. 통글자가 익숙해지면 글자를 구성하는 낱자(모음, 자음) 소리의 공통성을 유추하며 더듬더듬 한글을 읽어나가기 마련인데, 낱자 소리를 인지하기 어려워하는 것처럼 보였습니다. 통글자를 외워 학습을 했을 때 다른 글자로의 일반화가 어려운 학생이었기에, 낱자와 소리를 먼저 가르치고 소리를 합쳐 음절을 만드는 방법을 적용하기로 했습니다.

(2) 정서·행동 측면

정서행동 측면에서의 강점은 학습에 대한 의욕입니다. 대게 아이들은 평가 상황에서 반복적으로 실패에 노출되면 포기를 합니다. 하지만, 이 학생의 경우 아는 것이 있으면 대답하려고 문항 모두를 주의 깊게 살피는 모습을 보였습니다. 또한, 문항에 대한 오반응이라 할지라도 알고 있는 것과 연관시키려 애쓰는 모습을 보았습니다. 그래서 학습에 대한 의욕이 있을 것이라 판단했습니다. 애석하게도 보완해야할 점은 지속적인 실패로 인해 긴가민가한 지식에 대해서는 앎에 대한 확신이 부족하다는 것이었습니다. 학습에 탄력이 붙기 위해서는 자신감이 필요하고, 자신감을 갖기 위해서는 긴가민가한 지식을 확실하게 아는 지식으로 바꾸는 것이 중요합니다. 따라서 학생이 보이는 정서행동의 강점과 약점을 활용하여 '아는 것을 자신 있게 알기'를 정서행동의 목표로 삼았습니다.

3) 학습 수준에 따른 지도 목표와 교수방법 정하기

> - 사용할 전략: 직접교수법, 음운 중심 한글 지도, 고확률절차
> - 사용할 교재: 찬찬한글 학생용
>
> 국가기초학력지원센터:
> https://k-basics.org/user/studyView.do?menuSeq=666&datadetailSeq=486
>
>

☞ **음운 중심 한글 지도:** 문자 지도 방법 중 하나로, 소리-글자 대응이 주요 학습 원리입니다. 따라서 자음과 자음의 소리, 모음과 모음의 소리를 배우고 자음과 모음의 합성을 배우고, 합성된 음절들을 합쳐 단어를 구성하는 상향식 접근방법입니다. 의미가 있는 단어를 먼저 배우고 음소를 다음에 배우는 하향식 접근법인 의미단어 접근법과 대조되는 방법입니다.

☞ **고확률절차:** 바람직한 행동을 이끌어내기 위해서 가장 수행할 확률이 높은 행동부터 순차적으로 낮추어가면서, 목표로 하는 바람직한 행동을 유도하는 방법입니다. 성공가능성이 높은 기존에 학습한 내용을 시작으로 새로운 학습내용을 거부감 없이 도입하고, 할 수 있다는 자기 신뢰를 줄 수 있습니다.

4) 목표 달성을 위한 학부모와의 협력

이 학생은 특수교사와의 초기 상담에서 난독증을 의심할 수 있는 몇 가지 주요 모습이 포착되었기에 일반교사-특수교사-학부모의 협력을 4차에 걸쳐 실시했습니다. 난독증을 진단 받지 않았기에, 감히 난독증이라 부를 수 없지만 특성에 적절한 교육을 받아야한다고 판단한 근거는 다음과 같습니다.

– 담임교사가 방과후에 수업시간에 배운 의미 단어 카드로 한글을 지도함
⇒ 의미중심 지도방법(이또한 근거 기반의 실제)으로 접근했으나, 뚜렷한 차도를 보이지 않음

– 방과후 매일 단어 2~3개를 15분씩 지도하고 가정에 연계하여 한 학기 동안 5개의 단어를 습득함
⇒ 기억의 효율을 높이기 위해 학습 분량을 줄이고, 같은 날 수업시간, 방과후, 가정에서 세 차례 지도했음에도 기억에 어려움을 보임

– 학부모가 학생의 한글 교육에 관심이 있고, 열심히 지도하고 있음
⇒ 교사, 학부모 모두 학생의 한글 학습에 열정과 관심이 있으나 진전의 어려움을 보임

– 혀 짧은 소리와 모호한 발음, 글자 크기 조절 어려움과 늦은 반응을 보임
⇒ 위의 내용을 종합했을 때, 추후 발달지연 or 지적장애 or 학습장애 등으로 연계 가능성이 있을 수도 있다고 판단하였음

학부모와 협력한 내용은 다음과 같습니다.

차수	협력 내용 (약 3주)
1차	**1) 학부모 상담** – 현재 학생의 학습 수행수준과 관찰된 행동, 그리고 학급에서 배우게될 단원 목표와 교과서를 활용하여 현재 학생의 수준과 학급에서 요구되는 목표 사이에 발생하는 격차를 안내하고, 학생의 학습 수행수준과 관찰된 행동을 근거로 일어날 수 있는 수업 중 여러 상황을 자세하게 안내함 – 교사는 노력에도 학생의 학습 진전도가 뚜렷하게 나타나지 않음을 이야기하고, 부모는 주의집중의 어려움과 장난기로 인해 학습 지도가 적은 것이 부진한 한글 학습에 주요 원인으로 보았음 **2) 학습 목표 및 교육 방법 공유** – 학생의 현재 수행 수준과 3일 후 학생이 도달할 수 있을 목표에 대해 교사-학부모 의논과정을 거쳐 담임교사가 지도하던 단어카드 중 3개를 3일간 지도하기로 함 – 담임교사는 방과후 15분씩 지도를 계속하고, 학부모는 가정에서 3일간 해당 단어카드를 지도한 후 다시 상담하기로 함 ↓ 지도 기간: 3일 ↓

1) 학부모 상담

- 3일간의 지도 내용에 대해 논의 하였으며, 가정에서 지도해본 결과 학생이 단어카드의 전체적인 이미지를 기억하려고 한다는 점과 학습의 효율성(마주 앉아 단어카드를 외운 후, 기억하지 못하거나 잠시 외웠다하더라도 다른 맥락에서 주어진 단어카드를 읽기 어려워함)이 나지 않는 것으로 의견이 좁혀짐
- 학습 부진의 원인을 규명하기 위해 특수교사와 함께 지도하는 것이 아니라, 도움을 주기 위해 일정 기간 함께 하는 것이며 추후 학생의 진전에 따라 정밀 진단 또는 특수교육 의뢰로 이어질 수 있음을 안내함

2차

2) 학습 목표 및 교육 방법 공유

- 학생의 특성에 따라 '음운중심 지도방법'과 '찬찬한글'을 안내하고 일주일 동안 매일 '기본 모음'을 방과후 15분, 가정에서 30분씩 학습하기로 함
- 목표는 모음 2개씩으로 하며, 모음 2개가 완전하게 학습되면 그 다음 학습 이전에는 무작위로 모음을 보여주고 소리낼 수 있도록 함
- 2개가 완전 학습 되면 그 이후에는 모음 1개씩 추가하여 학습하도록 함
- 학생의 정서적 특성(자신감 결여)을 고려하여 고확률절차 전략으로 학습 시작 이전에 가장 정답을 말할 확률이 높은 모음부터 점검하여 학습에 추진력을 얻기로 함

↓ 지도 기간: 일주일 ↓

1) 학부모 상담

- 모음을 학습하며 가정에서 학생과 학부모의 대화 빈도가 높아짐
- 학생의 발음이 이전에 비해 정확해졌으며, 알고 있는 모음은 자신 있게 대답하려는 태도를 보임
- 기본 모음 학습을 마쳤으며 기본 자음 학습으로 넘어가기로 함
- 가정에서의 학습이 비교적 안정적으로 자리 잡아 가정에서 한글을 주로 지도하고 교사는 방과후에 학습한 내용을 점검하는 형태로 전환하기로 함

3차

2) 학습 목표 및 교육 방법 공유

- 지도 원칙은 이전과 같으며, 학부모에게 자음 학습 시 명시적으로 자음을 알려주기 위해 소리의 특성과 자음의 생김새를 연결하여 지도하며 비슷한 소리군을 묶어 지도하는 것을 연수함
- 특히 거센소리와 된소리 구분을 어려워할 수 있어 면밀한 점검을 하기로 함
- 자음과 모음 합성하는 연습을 충분히 실시하기로 함

↓ 지도 기간: 일주일 ↓

1) 학부모 상담

- 한글 지도 시간 외에 생활 속에서 쉬운 단어 읽기의 시도가 나타남(예: 오토바이)
- 음운중심 한글지도 방법이 학생에게 적합한 교육방법이었음
- 가정에서 꾸준히 지도해보고 어려움이 나타나면 연락하기로 함

4차

2) 학습 목표 및 교육 방법 공유

- 받침 소리 교육 방법에 대해 학부모 연수함
- 받침 소리 학습에 따라 교사는 주 2회 학생의 학습 수행수준을 모니터링하기로 함

5) 총평

위 학생은 난독증이 의심되는 상황에서도 장애 진단을 위한 평가로 연계하지 않았으나, 학년을 걸쳐 누적된 실패를 기다리지 않고 학생에게 적절한 교육을 실시했다는 데 의의가 있습니다.

한글은 초등학교 학습 뿐만아니라 기본 생활에서도 중요한 생활 도구로 작용합니다. 그런데, '한글 미해득' 학생의 경우 '아직 1학년인데 조금만 더 기다려보자'라는 생각을 가지고 그렇게 1년, 2년이 흘러 여러 학년을 거쳐 지속적으로 수업에 참여가 어려운 상태로 노출되어 있는 경우가 있습니다.

장애 진단을 위한 평가가 목적이 아니라 학생의 성장이 목적이었기에 누적된 실패를 기다리지 않을 수 있었다는 것이 인상 깊은 사례였습니다. 학생이 한글 학습 외에는 또래와 비슷한 생활 능력을 지녔기에 난독증 의심에 대해 가정과의 신뢰 확보가 어려웠습니다. 학부모 연수를 통해 학생의 특성을 이해할 수 있도록 돕고, 교사와의 신뢰가 확보되어 서로가 목표 지향적인 마음으로 과정에 임할 수 있었습니다.

학생이 난독증이 의심되는 모습을 바탕으로 1학년을 마치고 2학년, 3학년 생활에서도 수업에 어려움을 보일 수 있는데 그럴 때 지원할 수 있는 방법과 절차를 미리 안내함으로써 학부모도 시간적 여유를 가지고 객관적으로 고민할 수 있는 계기가 되었습니다.

1학년 2학기 시작 시점까지 한글 자모음에 대한 학습 기반이 부족했었지만 교사-가정 협력적 접근을 통해 1학년 겨울방학에 책을 느린 속도로 스스로 읽을 수 있게 되었습니다.

담임선생님의 면밀한 관찰과 그에 따른 특수교사 상담 요청이 학생의 미래에 촛불 같은 역할을 했다고 생각됩니다.

반응속도가 느린 학생 진단 및 지도하기 (초2, 남)

1) 의뢰 사유

- 받침이 있는 단어를 잘 쓰지 못하며, 한글 미해득으로 추정(주 사유)
- 행동이 느리고, 교사의 지시에 '몰라요'로 일관함
- 학생을 두고 학부모와 교사간 한글 미해득에 대한 의견 차이가 있음

2) 교육적 진단을 통한 심층 분석

가) 진단 목적 및 소요 시간, 절차 안내

나) 진단 도구

(1) 한글 또박또박

한글 또박또박 검사 결과, 한글 해득 완성으로 나타났습니다.

(2) 30 페이지 이내의 동화책 1권

동화책을 처음부터 끝까지 소리 내어 정확하게 읽어내며, 책의 후반부에서는 인물의 대사를 실감나게 읽는 모습을 보였습니다.

다) 진단 중 관찰된 행동

- 한 번의 응답에 많은 시간(7~10초)을 필요로 하며, 과제가 복잡해질수록(예: 1음절 단어에서 2음절 단어를 읽을 때) 시간이 더 소요되었음
- 습관적으로 '몰라요'하는 경향이 있음
- 한글 또박또박과 동화책 읽기에서 파악되지 않은 행동을 찾기 위해 즉석에서 익숙한 낱말과 생소한 낱말을 받아쓰기 진행하였으며, 생소한 낱말일수록 오랜 시간을 요구함

3) 학부모 협력 및 총평

반응속도가 느린 학생의 사례는 심층적인 교육진단으로 학부모와 교사가 학생을 바라보는 시각을 통일시키는데 의의가 있었습니다. 실제 한글을 읽고 쓰는데 어려움이 없으나 반응 속도가 현저히 느려 한글 미해득으로 오인된 사례입니다. 담임 교사는 학생이 학급 수업시간에 보이는 행동패턴과 방과후 시간 교사의 간단한 받아쓰기를 통해 한글 미해득으로 추정하였으며, 학부모는 이에 대해 함께 해결 방안을 모색하기보다 교사가 자신의 아이를 부정적으로 인식하는 것에 대해 반응하고 있었습니다. 학부모는 비슷한 피드백을 학생의 유아 시절부터 들어왔고, 그에 대한 죄책감과 여러 이유에 대해 짐작하는 시간이 길었기에 주어진 상황을 객관적으로 들여다보기보다 감정이 앞서있는 모습이었습니다. 이런 학생의 경우, 일반적인 평가 절차와 더불어 평가에 동기를 부여할 수 있는 초기 라포 형성 시간 혹은 허용적인 분위기 형성, 검사 점수로 판단할 수 없는 평가 중 행동 관찰 등이 중요하게 작용합니다.

한글 미해득으로 추정했으나 진단 결과 한글 해득 완성 수준으로 진단되었으며, 의뢰 사유가 한글 미해득 추정이었기에 추정과 상반된 진단 결과에 따라 학부모 협력과 지도 과정은 생략되었습니다. 학부모의 사정으로 인해 추후 지도를 실시하지 못했으나, 학생의 느린 반응으로 인해 대집단 수업에서 일어날 수 있는 어려움을 학부모와 교사가 공유하고, 느린 반응 시간을 단축할 수 있는 방법들을 소개하였습니다.

학생이 2학년인 점을 고려했을 때 반응 속도를 줄여주거나 습관적으로 '몰라요'라고 하는 대신 가정에서의 대화를 통해 다양한 방법으로 소통할 수 있도록 가정 연계로 마무리하였습니다. 그러나, 학생과 학부모가 특수교육과 관련된 상담의 문을 두드려본 것과 가정에서 무엇을 학습 및 생활 지도 목표로 해야 하는지 점검해본 것은 학생과 학부모에게 좋은 기회를 제공한 것으로 판단됩니다. 진단 및 상담을 마무리하며 학년을 거듭하며 지속적으로 특수교육으로 의뢰를 권유받는다는 것에 대해 학부모와 교사가 진지하게 고민하며 지내보기로 했습니다.

발달지체 학생 진단 및 지도하기 (초2, 남)

특수학급에서 개별화된 교육을 받는 학생 중에는 장애가 명확하게 드러나지 않는, 그러나 특수교육이 필요한 초등학교 1~2학년 학생들이 있습니다. 이러한 학생들은 '발달지체'로 분류되는데, '발달지체' 학생은 만9세가 되면 재진단을 받습니다. 그래서 이후 일반교육으로 돌아가기도 하고, 장애명이 명확해지기도 합니다. 발달지체 학생 또한 특수교육의 경계에 있기에 사례를 소개하고자 합니다.

1) 의뢰 사유(배경 정보)

- 경계선급 지능, 언어 발달 지연, 그리고 꾸준한 약물치료에도 불구하고 주의집중 및 정서적 어려움을 보임
- 교사가 알려준 학습 내용을 과도하게 적용하여 추후 이어지는 차시의 학습에 어려움을 겪음(예 덧셈의 절차로 모두 세기를 알려주면 계속해서 모두 세기로 덧셈을 해결하려 하여 자동적인 암산으로 넘어가기 어려움)
- 익숙한 것과 알고 있는 것에 대해 주로 이야기하려고 하며, 새로운 학습을 시작하는데 어려움을 보임(전이의 어려움). 같은 맥락으로 장소의 전이, 시정표의 흐름에 따른 과목의 전이에도 어려움을 보임
- 새로운 학습 내용을 인지한 후에는 거부 반응이 서서히 줄어듦
- 자신의 소통 의도를 알아주는 사람과 단답형으로 대화하며, 낯선 사람과는 대화를 거부함

2) 교육적 진단을 통한 심층 분석

가) 진단 목적 및 소요 시간, 절차 안내

나) 진단 도구

(1) 지능 검사(K-WISC-IV)

전체 지능 지수, 경계선급 지능에 해당하였습니다.

(2) 초등학교 수리력 핵심요소별 진단도구

수리력 성취기준 [수1-14-1] 한 자리 수의 곱셈을 할 수 있다(학습요소: 곱셈개념, 곱셈구구 2단과 3단)에 해당하였습니다.

- 국가기초학력지원센터:

  https://k-basics.org/user/studyView.do?menuSeq=667&datadetailSeq=6288)

다) 진단 중 관찰된 행동

- 진단된 성취기준 안에서도 할 수 있는 곱셈과 그렇지 않은 곱셈이 있어, 곱셈의 과정을 관찰함
- 구체물이 제시된 뛰어 세기를 할 수 있으며, 시간이 오래 걸리나 개수를 정확하게 셈
- 전체는 부분의 몇 배 개념을 어려워하나, 연산 기호가 있는 2~3단은 시간이 오래 걸려도 해결할 수 있음
⇒ 구체물이 제시되어 있는 곱셈이었기에, 단순 수 세기와 곱셈 과정으로서의 세기를 정확하게 진단하기 어려움

라) 진단에 따른 강점과 보완해야할 점 파악

진단에 따라 나타난 학생의 강점은 익숙한 것에 자신감을 보인다는 점이었습니다. 이 학생의 경우, 하던 것만 계속 하려는 동일성에 대한 고집이 있었습니다. 동일성에 대한 고집은 새로운 학습이 시작될 때마다 어려움을 가져왔습니다. 하던 것만 계속 하려던 성향이 새로운 학습을 하는 것에 거부감으로 이어졌지만, 새로운 학습 내용이 반복되면 점차 학습 내용에 관심을 갖고 눈 여겨 보는 모습을 보였습니다. 새로운 내용에 적응하고 익숙해지는데 시간이 필요하지만, 익숙해진 이후에는 자신감을 보인다는 것이 학생의 강점으로 나타났습니다. 새로운 학습 내용에 적응하고 익숙해지는데 어려움을 보이면서도 경계선급 지능으로 인해 새로운 개념을 학습하는 데에는 또래에 비해 많은 시간이 소요될 수 있고 학습 내용을 잘게 나누어주거나 여러 번 반복해야하는 등 수업 설계에 많은 고려가 필요한 학생이었습니다.

3) 학습 수준에 따른 지도 목표와 교수방법 정하기

- 사용할 전략: 직접교수법, 자기교수
- 사용할 교재: 초등학교 수리력 핵심요소별 진단도구 및 학습자료집(자연수의 곱셈과 나눗셈)

☞ **자기교수법**: 학생이 자기 자신에게 내적으로 말을 하는 언어적 진술문을 학습하게 하는 방법입니다. 인지적 모델링 – 외적 안내 – 외적 자기교수– 자기교수 용암 – 내적 자기교수의 단계로 이루어집니다. 간단히 말해 문제를 해결할 때 학생이 사용할 내적언어를 교사가 하나의 진술문으로 만들어 반복적, 지속적으

로 가르치는 전략입니다. 최종적으로 학생이 문제 해결이 필요한 상황에 학습한 진술문이 떠오를 수 있도록 돕는 전략입니다. 이 전략은 학습뿐만아니라 정서·행동적 접근에서도 유용하게 활용됩니다.

☞ **과제분석**: 과제 수행 절차를 순서와 흐름에 따라 가르치거나, 위계성이 있는 과제의 수준을 세분화할 때 주로 사용되는 전략입니다. 일련의 수행 과제를 구성하는 요소와 과제의 선행요소를 분석한 후, 학생의 수준에 맞는 과제 요소와 선행 요소부터 차근차근 교육합니다. 아래는 과제분석의 예시입니다.

☞ **과제분석 예시**

합이 100이 되는 덧셈식(가로식)을 계산한다.
합이 100이 되는 덧셈식(세로식)을 계산한다.
10+한 자리 수의 덧셈식(세로식)을 계산한다.
받아 올림이 없는 십 몇+몇의 덧셈식(세로식)을 계산한다.
합이 20이 되는 십 몇+몇의 덧셈식(세로식)을 계산한다.
받아 올림이 한 번 있는 19+한 자리 수의 덧셈식(세로식)을 계산한다.
받아 올림이 없는 몇십 몇+몇십 몇의 덧셈식(세로식)을 계산한다.
몫이 몇십이 되는 받아 올림이 한 번 있는 몇십 몇+몇십 몇의 덧셈식(세로식)을 계산한다.
↓↓↓
목표: 몫이 몇십 몇이 되는 받아 올림이 한 번 있는 몇십 몇+몇십 몇의 덧셈식을 계산한다.
※ 가로식에서 세로식으로 전환하는 절차를 하나의 차시로 구분하였음
※ 0이 있는 덧셈을 몫이 두 자리 수가 되는 덧셈에도 삽입하여 목표를 세분화하였음
※ 받아 올림이 있는 예와 받아 올림이 없는 예를 구분하여 단계를 나누었음
※ 최종 목표를 달성하기 위해 위계에 따라 단계를 세분화하였음

가) 학습 측면

학습 측면에서는 직접교수법의 전략 중 '과제분석'을 적용하였습니다. 수 세기와 곱셈까지의 연결을 위해 수 세기에서 곱셈까지, 곱셈의 기본 개념부터 완전학습 되도록 계획하였습니다. 교재는 곱셈과 관련된 수준을 세분화하여 제시한 '초등학교 수리력 핵심요소별 진단도구 및 학습자료집'을 활용하였으며, 교육 내용을 명시적으로 보여주기 위해 그 안에 제시된 교육 영상 자료를 적응 활용하였습니다. 또한, 자료에 포함된 평가를 적극 활용하여 진단과 지도, 평가가 연속성 있게 진행되도록 하였습니다.

나) 정서 · 행동 측면

새로운 개념을 학습할 때 거부감을 보이므로 학습에 일관된 순서와 반복적으로 사용할 언어를 정한 후 접근하기로 하였습니다. 수업에 사용되는 언어가 일관적이면 새로운 것에 적응이 어려운 학생으로 하여금 적응에 도움을 줄 수 있는 하나의 요소로 작용할 수 있을 것이라 판단되었습니다. 또한, 학생은 일상생활 대화 중에도 소리 내어 말하는 것을 회피하는 경향이 있어 수업 내용을 학생 스스로 말로 표현하는 자기교수법을 활용했습니다.

다) 구체적인 지도 예시

9월 교육목표	[수1-14-1] 한 자리 수 × 한 자리 수: 곱셈개념, 곱셈구구 2단, 3단
9월 교육내용	▶ 곱셈구구 2단, 3단 학습하기 ▶ 수업 형식 가. [수1-14-1] 학습 영상 시청 (약 5분) 나. 자기교수법 실시(곱셈 2,3단 그림과 식을 보며 진술문 연습하기) 　　1) 곱셈은 몇 씩 몇 번 뛰어 세는 것입니다. 　　2) 곱셈은 몇 개씩 몇 번 묶어 세는 것입니다. 　　3) (□×○=△ 곱셈식을 보고) △는 □의 ○배입니다. 　　4) (□×○=△ 곱셈식을 보고) '△는 □를 ○번 더한 수이고, 곱셈식으로는 □ 곱하기 　　　○는 △와 같습니다'라고 씁니다. 다. [수1-14-1] 확인문제 풀기 라. 2,3단을 뛰어 세고, 묶어 세며 말로 소리내어 표현하기 마. 곱셈식을 보고 다양한 말로 표현하기(몇 배, 몇 번 더한 수) ※ 수업의 형식은 매 회기 동일하게 진행하며, 내용이 달라져도 위의 형식을 유지한다.
9월 교육방법	과제분석, 자기교수법
9월 교육평가	− 말소리가 작고 분명하지 않아 자기교수법을 시행하기에 어려움이 있었음 − 자기교수법 문장을 끊어서 여러 번 들려주고 따라 말하게 했을 때 완전한 문장으로 곱셈식을 말할 수 있었음 − 2단과 3단 곱셈구구를 해결할 때 처음부터 뛰어 세기를 하려는 경향이 있으며, 뛰어 세기와 곱셈을 연결하고 있는지에 대해 평가가 필요함

4) 목표 달성을 위한 학부모와의 협력

가정은 학생에 대한 애정이 전반적으로 많으나, 제한된 체력과 시간으로 인해 교육기관에서 학생을 지도해주길 바라는 경향이 있었습니다. 학부모는 이 과정을 거친 후 학교 교육을 중심으로 치료실과 가정에서 이를 연계하여 지도하려고 노력하였습니다. 이전에는 치료실과 가정과 학교가 모두 교육 목표와 교육 방법이 달라 학습을 시작하려고 하면 학습 시도 자체에 거부감이 뚜렷한 모습이 있었습니다. 그러나, 서로 연계하여 비슷한 방법으로 지도하자 학생의 거부감이 대체적으로 줄고 학습에 참여하려는 모습을 보였습니다. 지도 이전에는 병원 상담, 약물 치료 등 학생 내적 요인을 치료하는데 주력하였으나 학생이 보이는 행동이나 학습을 어떻게 지도해야할지에 대해서는 소극적인 모습을 보였습니다. 지도 이후 구체적으로 무엇을 해야할 지에 대해 고민하고 적극적으로 소통하여 학생의 목표 달성에 도움이 되었습니다.

5) 총평

학생의 약점인 익숙한 것을 하려고 하는 특성을 활용하여 매회기 수업형식을 동일하게 반복했을 때, 난이도가 높아져도 거부감을 줄일 수 있었습니다. 자기교수법을 활용하여 매회기 지도했을 때 학생이 스스로 교환법칙을 찾아내는 모습을 보였습니다. 난이도만 다른 수업을 실시할 때에도 수업형식을 동일하게 유지했기에 지루하지 않을까 걱정을 했습니다. 반복되는 에듀테크 영상에서도 걱정은 계속되었지만, 오히려 반복했기에 자신이 기억하고 있는 것들을 발표하거나 이전에 미처 발견하지 못했던 부분을 찾아내는 등 같은 영상을 여러 번 보고도 집중하는 모습을 보였습니다. 현저히 느린 언어 발달로 인해 자신이 알고 있는 것을 통합학급 교사에게 표현하기 어려워 했으나 이 과정을 통해 통합학급 교사도 학생의 수준을 명확하게 파악하고 함께 수준에 맞는 지도를 실시할 수 있었습니다. 통합학급 교사 - 특수교사 - 학부모가 학생의 느린 학습 속도를 이해하고, 어른들의 높은 기대로 인한 좌절을 반복하게 하기보다 학생을 위한 작고 긍정적인 기대를 여러 개 만들었습니다. 학생을 위해 잘게 나누어진 교육 목표는 하나의 학습요소도 여러 번 학습해야하는 학생에게도, 지켜보는 어른에게도 많은 도움이 되었습니다.

본 소주제에 활용된 직접교수법(DI)의 전략[4]

– 목표를 구체화하여 나타내며, 전략을 지도할 때에도 명시적으로 구체적으로 시범을 보인다.
– 개념을 소개하기 위해 예를 제시할 때, 사용하는 용어를 일관되게 한다.
– 가르칠 개념의 한계와 경계를 설명하기 위해 매우 유사한 예와 예가 아닌 것을 제시하여 서로 다른 것을 알려준다.
– 학습한 내용의 습득을 확인하기 위한 검사를 실시할 경우, 평가 문항은 무작위로 배치한다.
– 선행학습에 있어 90% 이상 정답률 또는 수행률을 보일 때 숙달했다고 판단한다.
– 오류 발생 시, 학생은 오류에 대한 교사의 시범을 본 후 연습하고, 교사는 검사로 오류가 잘 교정되었는지 확인한다.

진단 및 지도와 관련된 Q&A

Q 특수교육의 경계에 있는 학생을 진단할 때, 관찰한 내용을 중요하게 다루는 느낌을 받았습니다. 이 학생들에게 관찰은 어떤 의미를 갖고 있으며, 관찰한 내용을 객관적으로 전달하는 방법이 있을까요?

네, 아주 좋은 질문이십니다. 관찰은 점수로 나타낼 수 없는 학생의 고유한 특성을 나타냅니다. 또한, 정신건강의학과에서 소아 · 청소년의 장애를 진단하는 과정에서도 검사 점수와 더불어 관찰된 내용은 중요한 의미를 갖고 있습니다. 검사 점수(양적 평가)와 더불어 관찰된 행동(질적 평가)을 함께 중요한 진단 근거로 삼고 있습니다.

관찰된 행동은 학습 전략을 고안하는데 도움을 주기도 합니다. 예를 들어, 한 학생이 검사에 제시된 'ㅏ'문항을 보고 "이게 뭐였더라, 'ㅏ'였나?, 'ㅓ'같기도 하고... 흠...

---

[4] 이대식, 강옥려 공역(2017). 직접교수법에 따른 효과적인 수학 수업. 서울:학지사..

'ㅏ!'요" 라고 한다면, 문항에 대한 정반응을 보였지만 조금 더 빠르고 정확하게 응답할 수 있도록 복습 차시를 계획하거나, 매 학습 시간에 간략한 평가를 포함하여 알고 있는 내용들을 정확하게 상기한 후 차시 학습을 시작할 수 있도록 할 수 있습니다.

주의 집중도 관찰을 통해 세부적으로 살펴보면 주의의 초점 이탈, 주의 집중 지속 시간 짧음, 선택적 주의집중의 어려움 등으로 나타납니다. 어떤 어려움을 보이느냐에 따라 학습 전략은 달라질 수 있습니다. 예를 들어 주의의 초점 이탈이 잦은 학생의 경우는 학습 자료에 집중할 수 있도록 학습해야 할 위치를 손가락으로 짚어주며 문제를 직접 읽을 것을 요청할 수 있고, 학생에게 지금 해야 할 위치가 어디인지를 손가락으로 짚어보기를 요청하는 등의 방법을 사용할 수 있습니다.

행동을 객관적으로 관찰하는 방법으로는 관찰하는 양식을 도입하는 것입니다. 행동을 관찰하는 방법으로는 ABC관찰기록, 일화기록, 비디오촬영 등이 있습니다. 행동을 객관적으로 관찰하는 것은 학생 지도 및 상담에 신뢰도를 더해주는 중요한 자료가 될 수 있습니다. 아래에 제시된 기록지는 학생 행동의 기능(목적)을 분석하는데 도움을 주는 양식입니다. 행동을 관찰함에 있어 배경사건과 선행사건, 학생의 행동, 후속 결과 등을 자세히 살펴보는 방법이라고 할 수 있습니다. 관찰하고자 하는 행동의 시간을 기간을 정해놓고 꾸준히 기록하는 방법도 있는데, 이 방법은 학생 행동의 패턴(시간대 혹은 환경 등)을 분석하는 데 도움을 줄 수 있습니다. 관찰하는 양식은 보건복지부와 국립서울병원에서 개발한 '문제행동 치료의 표준 지침 및 치료 매뉴얼'에서 발췌하였으며, 본 자료는 국립서울병원 홈페이지(http://www.snmh.go.kr)「부서안내 → 국립정신보건교육연구센터 → 연구결과물」에서 다운받으실 수 있습니다. 아래는 '문제행동 치료의 표준 지침 및 치료 매뉴얼'에 수록된 ABC 관찰기록과 행동원인규명 척도의 예시입니다.

5부. 부 록

▌부록 1

ABC 관찰 기록

아이이름:			기록자:
날짜/시간	**사전상황(A)**	**문제행동(B)**	**결과(C)**
사건이 일어난 날짜와 시간을 적는다.	문제행동이 일어나기 바로 전 상황을 적는다.	아이가 보인 문제행동을 적는다.	문제행동을 보였을 때 주위사람들이 어떻게 행동했는지 적는다.

▲ABC 관찰기록

▌부록 2

행동 원인 규명 척도

아이이름:	생년월일:	관찰일:		
목표행동	**목표행동은 무엇입니까?** 한가지만 선택하기: ① 자해 ② 공격 ③ 파괴 ④ 상동 ⑤ 기타 선택한 목표행동을 구체적으로 적기:			
이 행동을 왜 한다고 생각하십니까?			응답	
			O	X
1. 어떤 형식이든 사람들이 자신에게 관심을 갖는 것이 좋아서				
2. 그 행동의 결과로 얻는 감각이 좋아서				
3. 타인에게 주목 받는 것을 즐기기 때문에				
4. 자기가 원하는 것을 즉각적으로 얻지 못해서				
5. 시키는 일을 거부하려고				
6. 하라고 하는 일이 힘들어서				
7. 그 행동 자체가 주는 느낌이 좋아서				
8. 관심의 대상이 되고 싶어서				

▲행동 원인 규명 척도

Q 학생에게 진단과 관련된 사항을 안내하는 이유가 있나요?

'모든 아이는 평가에서 1점이라도 더 받고 싶다.'라는 생각을 늘 합니다. 평가라는 압박감과 언제까지 이어질지 모르는 긴장감은 특수교육의 경계에 있는 학생으로 하여금 평가에 참여하지 않거나 포기하는 모습으로 이어질 수 있습니다. 그래서 교육적 진단 이전에 이미 반복된 좌절을 경험한 학생에게 간략하게 안내함으로써 진단에 참여할 수 있는 내적 동기를 조금이나마 부여하고자 하였습니다.

Q 선생님, 특수교육의 경계에 있는 학생은 다양한 원인으로 인해 학급 생활과 학습에 어려움을 보이는 것 같은데요. 지능 검사를 실시하면 학생의 인지능력을 바로 확인할 수 있었을텐데, 왜 지능검사를 실시하지 않았나요?

먼저, 학생에게 지능검사를 실시하는 것은 학부모의 동의가 필요합니다. 지능 검사를 실시하는 목적이 무엇인지, 언제, 누가 실시할 것인지 등을 안내하고 동의한 후에 실시해야합니다. 또한, 지능 검사는 개인의 장애 의뢰 여부와 관련이 되어 있고, 지능 검사를 필요로 하는 학생의 부모는 검사 자체의 실시 여부 보다 검사 결과에 대한 불안을 크게 가지고 있습니다. 인지 능력을 검사하고 제시된 지능 지수(예: IQ)에 따른 서비스 제공이 목적이라면 그 목적에 대한 안내와 동의 절차가 반드시 필요합니다. 지능검사 결과로 제시되는 점수가 반드시 학생의 잠재 능력으로 귀결되는 것이 아니기에, 해석에 주의도 필요합니다.

위의 사례에서는 또래에 비해 현저히 느린 학습 속도 또는 발달 패턴의 불균형함(**예** 평소 행동으로 미루어 짐작할 수 있는 잠재 능력에 비해 현저히 낮은 학습 능력 또는 학습 속도)을 중심으로 학부모 상담을 우선하였기에, 검사 점수로 범주화(예: 특수교육 배치를 위한 장애 진단 과정)하는 절차는 추후 논의하였습니다.

Q 선생님께서 소개해주신 교수법이나 학습전략의 이름이 생소하게 느껴집니다. 어디에서 자료를 찾아볼 수 있을까요?

네, 좋은 질문이십니다. 주로 일반교육에서는 대집단, 소집단 활동, 더 나아가 학습 부진 학생군에서 유의미한 효과가 있었던 근거 기반의 실제를 다룹니다. 특수교육에서는 장애가 있는 학생을 위해 고안된 교수법이나 학습전략을 사용합니다. 찬찬히 내용을 읽어보면 장애의 특수성에 기반한 교육방법도 있지만, 이해가 어려운 장애 학생에게 조금 더 명시적으로 가르치는 방법이거나, 친절하게 반복하거나, 행동을 조절하고 관리하는 기법이거나, 학습내용과 학생 사이의 연결고리를 만들어 내용을 정교화하는 작업을 해주는 기법들이 많습니다. 일반교육에서 주로 활용하는 근거 기반의 실제를 특수교육에서 수정·보완 후 활용하기도 하고, 특수교육에서 활용하는 근거 기반의 실제를 일반교육에서 사용하기도 합니다. 관련 이론과 더불어 교실에서 활용할 수 있는 구체적인 전략이 소개되어있는 아래의 도서를 소개합니다.

박지연, 김지수 공역(2018). 개별 학생을 위한 긍정적 행동지원. 서울:학지사.

이대식, 강옥려 공역(2017). 직접교수법에 따른 효과적인 수학 수업. 서울:학지사.

이소현, 박은혜(2011). 특수아동교육. 서울: 학지사.

Q 학생 지도 시, 학부모와의 협력을 지도 단계 중 하나로 선택하신 이유가 있을까요?

특수교육의 경계에 있는 학생의 학부모는 협력적인 태도 보다 지속된 어려움에의 노출로 인해 교사와의 상담에 위축되어 있거나, 방어적인 태도를 보일 수 있습니다. 지속되는 어려움 속에서 함께 극복해보려는 시도는 학부모와의 신뢰를 쌓아줍니다. 이때, 진정한 신뢰와 학생의 어려움 해결을 위해서는 따뜻한 공감도 필요하지만 객관적으로 학생의 어려움을 바라보고 이에 대해 학부모와 교사가 비슷하거나 동일한 시각으로 학생을 바라보는 것이 중요합니다. 이를 위해 필자는 교사가 학교에서 지도하는 것과 더불어 근거 기반의 실제와 학습 목표를 학부모에게 안내하고 안내 받은 학부모가 가정에서 일정 기간 동안 학생을 직접 지도하는 것을 추천합니다. 교사와 학부모가 실천한 내용에 대해 충분한 논의 시간을 가지는 것은 장애가 의심되는 경우에는 더욱 도움이 될 것입니다. 그럼에도 불구하고 내 아이의 어려움을 직면해야하는 때가 있기에, 이번 소주제가 어떤 식으로든 표출되는 학부모의 절망적인 감정에서 한 단계 나아가 학생에게 필요한 자원을 찾는데 도움을 주는 내용이 되었으면 합니다. 특히, 소통이 원활하지 않은 학생의 경우에는 학생 스스로 자신의 의사표현을 조리 있게 말하기 어려워, 학생 행동의 의도를 교사나 학부모가 추측해서 소통하는 경우가 많습니다. 더욱 객관적이고 면밀한 관찰이 필요하다는 것을 다시 한 번 강조 드립니다.

Q 약물치료로 주의집중 및 정서적 어려움이 해결되지 않을 수도 있나요?

행동과 관련된 어려움에서 약물 치료의 목적은 근본적인 대책이기보다는 약물의 도움을 받아 내적인 힘을 기르는데 있습니다. 과도한 불안과 같이 신체적인 증상(땀, 호흡 등)을 수반하는 양상에는 약물치료가 눈에 띄는 효과를 가져다줄 수 있지만, 주의집중과 같은 어려움에서는 약물치료와 더불어 '선택적' 주의집중을 잘할 수 있도록 학생에게 필요한 기술(예: 자기 관리 기술)을 함께 가르쳐야 합니다. 따라서 의학적인 접근을 병행할 때에는 학생에게 투여되는 약이 목표하는 행동에 적절하게 반응하고 있는지, 추후 투약을 중지하더라도 학생이 스스로 자기관리기술을 사용할 수 있을지를 고민하며 최종 목표를 학생의 자립에 두는 것이 바람직합니다.

☞ **선택적 주의집중**: 노출된 여러 자극 중 집중해야 할 대상에 집중하는 것을 의미하며, 좋아하는 것에 집중을 잘하는 것과는 차이가 있음

Q 학부모와의 협력에서 학부모에게 '장애 진단' 관련 내용을 조심스럽게 접근하는 이유가 있나요?

네, 아마 주변에서 장애가 의심가는 학생을 학부모에게 장애 진단 받아보시라고 권유했다가, 학생은 그대로이고 학부모와의 관계는 틀어져 난감해하는 선생님의 사례를 빈번하게 들어보신 적 있으실 것 같습니다. 일반학급 교사와의 상담 경험상 학생의 어려움을 공감하고 방법을 찾아하는 과정을 어려워하는 선생님이 많았습니다. 교사와 학부모가 '진단'이라는 용어를 서로 다르게 받아들일 수 있습니다. 교사들은 '교육적 진단', '진단보정시스템' 등 교육 환경에서 '진단'이라는 용어에 많이 노출됩니다. 하지만, 학교 밖에 있는 사람에게 진단이라는 용어는 의료적 측면에서 많이 사용되는 단어이기에 낯설고 일단 거부하고 싶은 마음을 들게 할 수 있습니다. 그렇기에 '진단'이라는 단어를 마주하는 마음의 장벽을 서서히, 천천히 낮출 필요가 있습니다. 장애가 의심되는 학생의 학부모도 학생에게 정밀한 장애 진단이 필요함을 인식할 수 있는 기회를 제공하는 것이 필요하며, 그 방법으로 학생의 교육에 직접 참여할 수 있는 기회를 제공하는 것을 추천합니다.

Q 장애가 의심되는 학생에 대해 특수교사와 상담하고 싶습니다. 어떤 내용으로 상담하면 좋을까요?

장애 의심과 진단, 배치 각각은 모두 다른 의미를 갖습니다. 따라서 장애가 의심되는 학생이 있을 경우, 장애가 의심이 가는 행동 패턴과 초기 학생의 수준, 학생을 위한 노력과 기간 등을 가지고 상담하면 조금 더 원활한 소통을 할 수 있습니다. 학급에서 힘들다는 추상적인 이야기만으로는 특수교사도 적절한 접근방법을 찾기가 어려울 수 있습니다. 장애 진단을 의뢰하는 것에 단서가 될 수 있는 내용을 정리하면 학부모 상담에도, 특수교육대상자 의뢰과정에도 도움이 됩니다. 더불어 특수교육대상자 선정을 위한 기초자료 조사서에도 학생의 주지교과 현재 학습 수행 수준, 특수교육의 필요성 등을 기재하게 되어있기에 장애가 의심되는 학생을 만났을 때에는 학생의 자료와 학부모 상담을 누가기록 해놓는 것이 바람직합니다.

Q 교육적 접근을 시도해본 후 학부모가 학생에게 의심되는 장애를 진단 · 평가하고자 합니다. 어떤 안내를 할 수 있을까요?

정확한 진단은 인근 정신건강의학과 병의원에서 진단 비용을 내고 받을 수 있습니다. 의사와 상담 후, 풀배터리 검사 또는 의심되는 장애와 관련된 검사를 실시할 수 있습니다. 여기서 풀배터리 검사란 학생을 둘러싼 종합 기능 검사를 의미합니다. 지역교육지원청 wee센터 또는 특수교육지원센터에서 무료로 진단 · 평가 받을 수 있으며, 의뢰 사유에 따라 실시되는 실시되는 검사는 다를 수 있습니다. 특수교육대상자로 배치를 희망하여 진단 · 평가를 실시하고자 할 때에는 학부모가 직접 특수교육지원센터로 문의할 수도 있고, 특수교사를 통해 학부모와 함께 진단 · 평가 의뢰서를 작성하고 지역교육지원청으로 제출하는 방법도 있습니다.

특수교육의 경계에 있는 학생의 기초학습 지도를 위한 에듀테크

특수교육의 경계에 있는 학생을 지도하며 활용한 에듀테크를 소개합니다. 각 에듀테크만으로 수업 한 차시를 이끌어가기에는 무리가 따를 수 있기에 이 책 전체를 아울러 여러 가지의 에듀테크를 조합하여 여러 차시를 계획하거나 가정에서의 복습 계획 혹은 평가계획을 기획해보시기를 바랍니다. 필자의 사용경험을 바탕으로 서술하였습니다.

1) 한글또박또박

한글또박또박은 한국교육과정평가원에서 개발한 학생 한글 해득 수준을 진단하기 위한 웹사이트입니다. 검색 포털에서 '한글또박또박'을 검색하거나 홈페이지 주소 'www.ihangeul.kr'로 접근할 수 있습니다. 교사와 학생 1:1 상황에서 교사가 학생에게 검사 화면을 보여주고 학생이 응답하는 것에 따라 반응을 사이트에 기록하며 실시할 수 있습니다. 검사는 학급 전체 혹은 일부에게 시행할 수 있으며, 지도 이전과 지도 이후 변화된 모습을 관찰할 수 있도록 같은 유형의, 문항만 다른 두 가지 평가지를 제공합니다. 한글 개별 자모음과 읽기유창성, 받아쓰기를 검사할 수 있습니다. 검사를 실시하고 난 후에는 학생의 반응에 따른 평가보고서를 조회할 수 있습니다. 학생의 한글 해득 수준은 어떠한지, 보충해야 할 학습 내용과 그 자료를 제공해주며 인쇄하여 누가기록할 수도 있습니다.

한글 자음과 모음을 소리와 연결시킬 수 있는지에 대해 진단하며, 나아가 복잡한 모음과 받침, 받아쓰기를 평가합니다. 한글또박또박 평가의 목적은 알고 있는 것과 모르는 것을 진단하기 위함입니다. 진단 결과는 학급 단위로 관리가 가능하며, 한 학생당 동형검사지 2개가 주어집니다. 이 동형검사지는 학생의 한글 지도에 대한 사전 수준과 사후 수준을 검사할 수 있도록 제작되었습니다. 한글 지도를 시작하기 전 알고 있는 것과 모르는 것을 진단할 수 있습니다. 한글 또박또박을 활용할 때 주의사항으로는 검사의 신뢰도를 위해 검사 지침대로 해야 한다는 점입니다. 예를 들어, A 선생님과는 한글 또박또박 결과 한글 해득 완성으로 진단되고, B 선생님과는 한글 해득 보충 필요 수준으로 진단되는 경우가 있습니다. 검사를 실시했을 때, 내가 아닌 다른 선생님도 같은 결과를 가져올 수 있도록 해야 검사의 신뢰도가 높다고 할 수 있습니다. 검사는 검사의 지침대로 실시하며, 평소 관찰했던 내용을 기반해서 학생에게 힌트를 제공하면서 진단하는 것은 지양합니다. 대신 학생을 관찰한 결과 진단의 결과와 사뭇 다른 점이 있을 때(예: 평소에는 '아'를 읽을 수 있었는데 진단 시 머뭇거림)에는 진단 결과에는 정반응과 오반응을 신뢰성있게 기록하되, 검사 방법을 수정했거나 조정했다는 메모를 별도로 남깁니다. 평가 시간을 연장했거나 구두 응답을 추가로 요구했거나, 수업시간에 사용했던 입모양 단서를 제공했다는 점 등을 기록해두면 도움이 됩니다. 특히, 진전이 아주 더뎌서 사전검사와 사후검사의 차이가 미미할 때 관찰 기록이 많은 도움이 됩니다. 예를 들어, 사전검사에서 '아'를 보고 '아'와 '어'를 한참 고민하다가 '아'라고 응답한 것과 사후검사에서 '아'를 보고 바로 '아'라고 응답하는 것은 같은 1점이지만 다른 의미를 갖기 때문입니다.

아래는 한글또박또박으로 진단할 때, 학생과 교사가 함께 보는 화면의 일부 예시입니다.

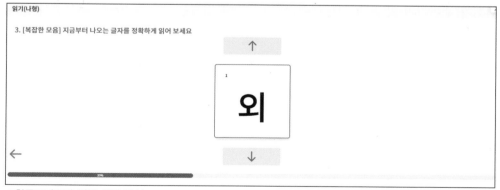

▲한글또박또박 진단 화면 예시

2) 찬찬한글 학습영상 (인천광역시교육청)

찬찬한글 학습영상은 인천광역시교육청에서 제작하여 유튜브에 업로드한 자료로, 한글또박또박에서 한글 해득에 보충학습이 필요한 아이들에게 '찬찬한글'이라는 학생용 활동지와 병행하여 활용할 수 있는 영상 자료입니다. Youtube에서 '찬찬한글'을 검색하여 활용할 수 있습니다. 각 차시별로 영상이 제작되어 있으며, 찬찬한글 교사용 지도서에 따라 제작되었기에 영상을 예습 및 복습 용도로 활용하거나 수업 중 시범 목적으로 재생할 수도 있습니다. 영상에 따라 흐름이 일부 다르지만, 자음과 모음 학습에서는 낱자의 모양, 낱자의 입모양, 낱자의 소리, 소리 변별하기, 소리 합성하기 등의 순서로 구성되어 있습니다.

필자는 가정에서 부모님과 학습하게 할 때 이 영상을 시청하도록 했습니다. 왜냐하면 선생님들은 찬찬한글 연수를 통해 찬찬한글 교재의 구성 원리나 지도 방법에 대해 이해도가 있는 상태에서 교재를 가지고 수업할 수 있지만, 가정에서 교재만으로는 지도가 어려울 수 있기 때문입니다. 더욱이 보호자가 교육 관련 종사자가 아니라면 지도의 길잡이가 될 수 있는 영상이 많은 도움이 됩니다.

1:1 지도 상황에서 활용할 경우에는 영상만으로는 학생의 수준에 맞는 충분한 연습기회가 주어지지 않을 수 있으므로, 학생과 함께 영상을 일시정지하며 충분한 연습기회를 제공해야합니다. 영상을 재생하는 것만으로 학생에게 적합한 교육이 되는 것은 아닙니다. 지도하는 사람이 학생에게 필요한 순간에 충분한 연습기회를 제공하고, 변별하는 기회를 제공하는 것이 중요합니다.

아래는 찬찬한글 학습영상의 예시입니다.

▲ 찬찬한글 학습영상 예시

3) 수리력 진단도구 (국가기초학력지원센터)

수리력 진단도구는 국가기초학력지원센터에서 개발한 수 지도를 위한 종합 세트입니다. 또다른 말로는 '토닥토닥 수리력'이라는 이름을 갖고 있습니다. 교사용 지도서, 진단 자료, 학습 영상, 학습 자료, 학습한 내용을 확인할 수 있는 자료로 구성되어있습니다. 해당 자료는 국가기초학력지원센터 사이트에서 다운로드할 수 있고 학습 영상은 Youtube에서 '국가기초학력지원센터'라는 채널에서 간단하게 찾아볼 수 있습니다.

수학과 교육과정에서 '수와 연산'과 관련된 성취기준을 큰 개념(수감각, 자연수의 덧셈과 뺄셈, 곱셈과 나눗셈 등)을 중심으로 재구성하고, 성취기준을 세분화한 자료이기에 지도 자료가 학년의 구애를 받지 않는다는 장점이 있습니다. 학년에 구애를 받지 않고, 주어진 진단 자료를 이용한 진단에서 학생의 현재 수행수준이 나오면 수행수준에 맞는 학습자료를 이용해 학습하면 되는 형태입니다. 하나의 수리력 성취기준에 하나의 지도자료로 구성되어 있어 반복 지도가 필요한 학생에게는 교사의 손길이 더 필요한 자료가 될 수도 있습니다. 하지만, 지도 자료에 제시된 영상 자료를 활용하여 영상 자료를 시범삼아 학생과 구체물로 조작하는 활동을 추가로 진행할 수 있습니다. 학습에 어려움이 있는 학생들은 구체물이 가지고 있는 특성에 따라 어떤 구체물은 잘 세다가도 어떤 구체물은 잘 세지 못하는 경우가 있습니다. 예를 들어, 흰 바둑알을 활용해서 수 세기를 연습하는 것과 교실에 있는 색연필 꾸러미를 활용해서 수 세기를 연습하는 것에는 차이가 있습니다. 흰 바둑알만으로 수 세기를 연습하는 것은 똑같은 특성을 가진 구체물을 활용하는 것이고, 색연필 꾸러미를 활용하는 것은 각기 다른 특성(색, 제조회사, 길이 등)을 가진 구체물을 활용하는 것이기에 한 번에 많은 정보를 처리하기 어려운 학생들에게는 단순한 특성을 가진 구체물에서 점차 복잡한 특성을가진 구체물로 지도하는 점진적인 접근이 필요합니다. 이런 점에서 수리력 진단도구에 제시된 영상자료의 장점이 있습니다. 바로 가르치고자 하는 내용을 명시적으로 보여준다는 점입니다. 명시적으로 보여주는 영상 자료를 기반으로 교실이나 가정에서는 점차 복잡한 특성을 가진 구체물로 접근할 수 있습니다.

학습에 도움이 필요한 학생 중에서도 특수교육의 경계에 있는 학생의 교육목표로 수리력 성취기준을 활용할 경우에는 기존에 제시된 수리력 성취기준을 더 세분화하는 노력이 필요할 수 있습니다. 세분화하는 방법은 앞의 발달지체 학생의 진단 및 지도에서 소개된 과제분석 방법을 활용해주시면 됩니다.

아래는 수리력 진단도구 학습영상의 예시입니다.

▲ 수리력 진단도구 학습영상 예시

4) 한컴타자

한컴타자는 한글과 컴퓨터에서 개발한 학습 기반의 게임 서비스로 알려져 있습니다. 우리가 흔히 이야기하는 천지인 키보드와 QWERTY 키보드 중 QWERTY 키보드를 기반하였으며, 타자 실력 향상을 위해 개발되었지만 한글을 학습 중인 학생들에게 유용하게 활용될 수 있습니다. 기기를 활용하여 반복적으로 단어를 작성함으로써 목표가 분명한 학습을 할 수 있고, 디지털 시대에 걸맞은 능력(기기활용능력)도 함께 함양할 수 있습니다. 검색 포털에서 '한컴타자'를 검색하여 해당 웹사이트로 이동하거나, 직접 주소를 작성

(https://www.hancomtaja.com/)하여 이동할 수 있습니다. 한컴타자는 사이트 회원가입 후 타자를 연습하면 점수가 지속적으로 누적되는 형태를 띠고 있습니다. 학생의 수준에 따라 따라서 한컴타자를 복습 용도로 활용할 때, 누적 점수의 목표를 학생에게 제시하면 학생이 가정에서 과제를 실시하고 학교에서 누적 점수를 확인해봄으로써 학생의 노력을 간편하게 확인해볼 수 있습니다.

한컴타자는 키보드를 눌러 자음과 모음을 하나씩 누르는 방법이다 보니 앞서 난독증이 의심되는 학생의 사례에서 소개한 음운중심접근법에 해당합니다. 한글을 처음 학습할 때 가장 어려운 점이 적은 자모음 자원을 확실하게 알 때까지 계속해서 지도하는 것입니다. 학생에게도 흥미가 있으려면 여러 연습 방법이 필요합니다. 이럴 때 한컴타자를 이용하면 도움이 됩니다. 입으로 소리를 내며 타자를 하나씩 치는 것입니다. 한글 지도 목표에 적합하게 한컴타자를 이용하려면 소리를 내며 단어를 입력해야합니다. 왜냐하면 소리를 내지 않고 제시된 단어와 같은 단어를 입력하는 것은 자칫하면 같은 모양 찾기에 치중될 수 있기에 주어진 단어를 읽거나 누르는 음소를 소리내며 입력하는 방법으로 실시합니다.

계정의 점수는 회기를 거쳐 연습량에 비례하여 점수가 누적되는 형태라 상승하는 형태를 보입니다. 하지만 자리연습이나 낱말연습의 경우에는 연습 횟수와 별도로 입력 정확도가 측정되기 때문에, 연습 초기에는 입력 수가 적어 한 번의 실수에도 정확도가 금방 떨어질 수 있습니다. 떨어진 정확도는 학생의 무기력함을 유발할 수 있기에, 한컴타자를 활용하기 전에 학생에게 미리 안내를 하는 것이 좋습니다. 빠르게 점수를 올리는 것보다 정확하게 쓰는 것에 초점을 두어야 함을 안내합니다. 그럼에도 불구하고 정확도가 낮아진 경우에는 어른의 도움 제공하면 도움이 됩니다.

아래는 한컴타자 웹사이트의 초기 화면입니다.

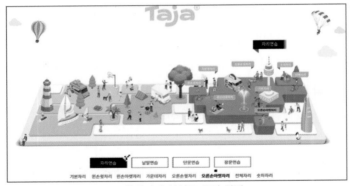

▲ 한컴타자 사이트 초기 화면

5) 클로바노트 (네이버)

클로바노트는 스마트기기에 다운로드 받아 활용하는 네이버에서 개발한 음성인식 기능 앱입니다. 앱스토어에서 '클로바노트'를 검색한 후 다운로드 받아 활용하면 됩니다. 음성인식 기능으로 학생 또는 교사의 말소리를 그에 해당하는 문자언어로 변환해주는 기능입니다. 보통 회의 시 많은 구두로 된 논의를 정리하기에 어려움이 있을 때, 이 앱을 활용하기도 합니다. 음성인식 기능은 일반적으로 휴대폰에서도 접근이 용이합니다. 메시지 앱에서도 자판에서 마이크 버튼을 누르고 음성으로 입력하면 문자언어(텍스트)로 변환해주기 때문입니다. 그런데, 목적이 음성인식 그 자체인 앱을 활용하면 음성인식 기능 외에 다른 기능에 주의를 빼앗기지 않을 수 있는 장점이 있습니다. 학생의 한글 해득 수준과 관련된 수업 후 학습을 확인하는 단계에서 불러주는 단어를 종이에 받아 쓰고, 학생이 음성인식 앱에 다시 말해봄으로써 자신이 쓴 단어가 맞았는지 스스로 확인할 수 있습니다. 자매품으로는 클로바더빙이 있는데, 클로바더빙은 웹 또는 앱으로 접근이 가능합니다. 학생이 최대 2000자까지 작문을 한 후 자신의 글에 대한 오디오 피드백을 들어볼 수 있다는 장점이 있습니다.

반면, 발음이 부정확한 학생의 경우에는 음성을 텍스트로 변환하는 클로바노트보다 자신이 종이에 쓴 단어를 텍스트로 옮겨 입력하고 소리를 들어보는(예: 클로바더빙) 피드백이 더 바람직합니다. 자기 점검이 필요한 학생의 경우, 자신이 종이에 쓴 단어를 텍스트로 옮겨 입력하는 과정에서도 자기점검의 기회가 발생하기에 도움이 될 수 있습니다. 부정확한 발음의 단어를 AI가 자동으로 음성에 가장 적합한 단어를 찾아 생성해주기도 하지만, 학생의 부정적인 자아상을 강화시키는 계기가 될 수 있기에 주의가 필요합니다.

아래는 클로바노트를 활용한 음성 녹음, 텍스트 변환의 예시입니다.

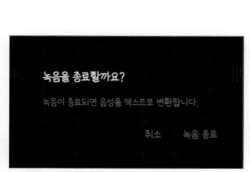

▲ 클로바노트 활용 예시(녹음하기)

▲ 클로바노트 활용 예시(결과 확인하기)

제5장

에듀테크를 활용한 학습지원대상 지도

이번 장에서는 에듀테크를 활용한 학습지원 대상에 대한 지도 방법에 대해 알아보도록 하겠습니다. 기존의 아날로그식 방법에 익숙해지신 선생님들께서도 차근차근 따라 하신다면 에듀테크를 활용해서 기초학력교육 지도에 큰 도움이 되실 것입니다. 이번 장을 통해 선생님들께서는 교실에서 다양한 기초학력 지도에 활용할 수 있는 좋은 에듀테크들을 알아보실 수 있습니다. 또 게이미피케이션의 정의를 이해하고 게임을 활용한 실제 교육 사례를 통해, 에듀테크┬를 활용한 기초학력 교육 지원 방법에 대해 익히실 수 있습니다.

교실에서 활용하는 에듀테크

기초학력교육 지도는 방과후에만 이루어져야만 할까요? 최근 에듀테크 개발과 발전 그리고 디지털 교과서 도입과 관련하여 많은 연구가 이루어지고 있습니다.

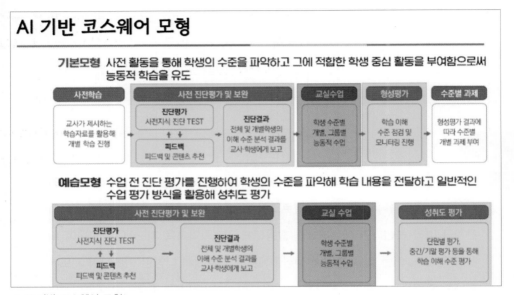

▲ AI 기반 코스웨어 모형1

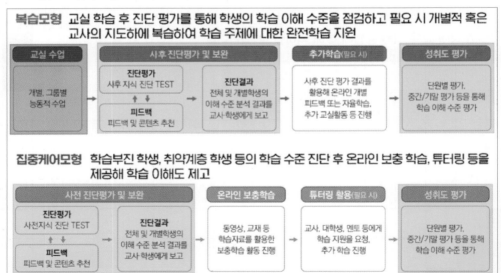

▲ AI 기반 코스웨어 모형2

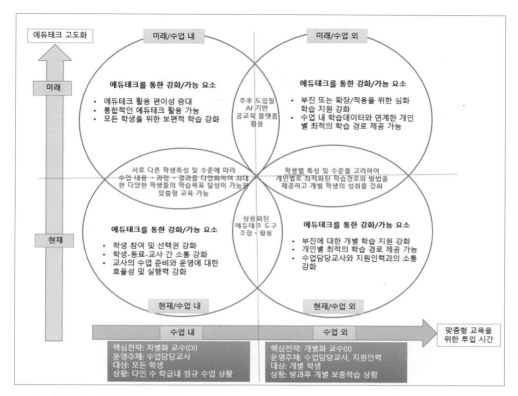

▲ 에듀테크를 활용한 맞춤형 교수학습모델들①

특히 AI코스웨어②를 활용한 교수학습 모형, 맞춤형 교육을 위한 에듀테크 활용 교수학습모델 개발과 같은 에듀테크를 활용한 학습자 중심의 교수학습 모형에 대한 연구 등을 중심으로 에듀테크를 수업 시간 중 도입하는 것을 목적으로 하고 있습니다.

거시적으로 보면 이러한 에듀테크를 활용한 교수학습이 기초학력교육 지도 대상 아동만을 위한 것은 아니라고 볼 수 있겠지요. 따라서 본 챕터에서는 모든 학생들을 대상으로 하되, 기초학력교육 지도 대상 아동들이 즐겁게 참여할 수 있고, 맞춤형으로 다가갈 수 있는 교실에서 활용할 수 있는 에듀테크를 중심으로 소개하고자 합니다.

---

① 경기도교육연구원 '맞춤형 교육을 위한 에듀테크 활용 교수학습모델 개발'
② 코스웨어란 교육과정을 뜻하는 코스와 소프트웨어의 합성어로, 기존 종이 교과서를 보완하는 디지털 교재를 활용한 교육과 정 뜻. 여기서 더 나아가 AI를 기반으로 학생 수준을 파악해 맞춤형으로 학습할 수 있도록 돕는 자기주도적 교재를 활용한 교육과정(교육부)

클래스툴을 활용한 교실 속 기초학력 교육

1) 클래스툴

에듀테크는 학생들이 사용하기 쉬워야 하며, 동시에 교사들도 활용하기 쉬워야합니다. 교수자가 활용을 어려워한다면 그 효과는 반감되어지기 마련이지요. 그래서 첫 번째로 소개해드리고 싶은 에듀테크는 아이스크림미디어에서 개발, 보급하고 있는 '클래스툴'입니다.

'클래스툴'은 이미 많은 선생님들께서 활용하고 계시는 현장 수업 및 온라인 수업 모두 활용할 수 있는 만능 교수학습툴이라고 할 수 있습니다. 그리고 무료 서비스라는 점도 매력적으로 다가옵니다.

스마트 기기에서 앱으로 다운받아 활용할 수 있고, 웹으로도 활용이 가능하기 때문에 학생들도 쉽게 접근할 수 있습니다.

가) 기본적인 기능 설명

▲ 클래스툴 홈 화면

먼저 클래스툴의 홈 화면입니다. 선생님께서 아이스크림미디어의 아이디만 있으시 다면 로그인하셔서 무료로 활용하실 수 있으십니다.

▲ 바로 수업하기 모습

▲ 우리 반 수업하기

'바로 수업하기'는 선생님만의 전용 학급이라고 생각하시면 되고, 전담 선생님처럼 여러 학급을 운영하시거나, 혹은 교과보충, 기초학력 지도 등 운영하는 대상이 달라 학급이 많이 필요하시다면 '우리 반 정보'에서 클래스를 다양하게 구성하셔서 대상별로 달리 운영하셔도 됩니다. 특히 방과후 교과보충 수업을 하거나 기초학력 교육을 하실 때 수업을 운영하시기 편하시고 학생들도 재미있어하는 모습을 볼 수 있습니다.

▲ 클래스툴 주의집중 화면

주의 집중 화면입니다. 아무래도 스마트기기를 학생에게 제공하면 다른 행동을 할 가능성이 높겠지요? 선생님의 설명이 필요할 때, 선생님에게 주의집중을 해야할 때 강제로 화면을 멈추는 기능입니다. 주의가 산만한 학생들에게 딱 맞는 기능이 될 것입니다.

나) 수업에의 적용

▲ AI 종합 분석 화면

먼저 AI 문제 풀이를 소개합니다. 제공되는 과목은 국어, 수학, 과학, 사회입니다. 학년 학기 과목 문항수를 선택해서 학생들에게 제공하면 AI가 분석하여 학생의 수준을 분석, 평가해 줍니다. 문항은 아이스크림 문제뱅크에서 풍부하게 제공되는 것을 선생님들께서 활용하실 수 있습니다. 선생님들께 도움이 되는 것은 문제 풀이 후 교과평어가 자동으로 생성된다는 것입니다. 이를 바탕으로 AI 생활기록부를 통해 누가 기록 및 관리하실 수 있습니다.

국어 수학 중심의 교과학습 부진학생 지도의 경우 학년 학기별 문항을 제공하여 학생의 수준을 진단할 수 있고 필요한 단원의 학습을 실시하실 수 있습니다.

단원 학습지를 출력하실 필요없이 매단원을 쉽게 평가할 수 있기 때문에 단원에 대한 기초학력교육 지원 학생은 물론이고 경계선에 있는 학생들에 대한 파악도 쉽고 편하게 확인하실 수 있습니다.

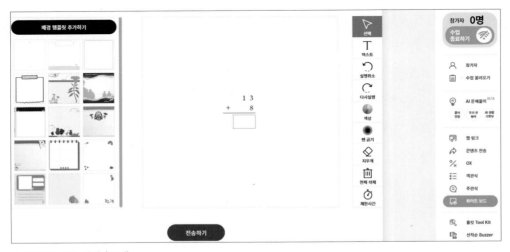

객관식 ✕

📖 질문과 보기를 생략할 수 있고, 복수 정답도 가능합니다.　　　　　◉ 1개 정답　　○ 복수 정답

질문 생략 가능

• **보기 입력하기** 최대 100byte

보기1. 생략 가능

보기2. 생략 가능

보기3. 생략 가능　　　　　　　　　　　　　　　　　　　　　　　⊖

보기4. 생략 가능　　　　　　　　　　　　　　　　　　　　　　　⊖

보기5. 생략 가능　　　　　　　　　　　　　　　　　　　　　　　⊖

　　　　　　　　　　　　　　　　　　　　　　　　　　　　　⊕

⏱ **제한시간**

| 10초 | 20초 | 30초 | 60초 | 90초 | 120초 | 없음 |

▲ 문제 생성 및 제공 화면

　선생님들께서 직접 문제를 만들어서 학생들에게 제공하고 싶으시다면 O,X 및 객관식 주관식 문제를 만드실 수 있습니다. 특히, 1:1 개별학습을 하시다가 학생들에게 적용하면 좋은 문제나 필수적으로 다루어야 하는 학습요소를 발견하신다면 즉석에서 쉽게 문항을 제작하여 학생들에게 즉각적인 피드백이 가능합니다.

다) 기초학력 교육에서의 적용

▲ 화이트 보드 화면 (교사)

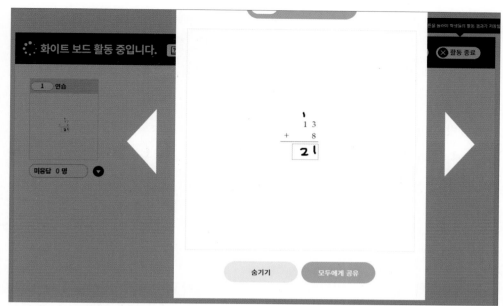

▲ 화이트 보드 수학문제풀이 화면(학생)

▲ 화이트 보드 받아쓰기 화면(학생)

　　선생님들께서 교실 속에서는 물론이고 교과보충 및 기초학력교육 활동에서 적극적으로 활용하실 수 있는 기능은 바로 '화이트 보드' 기능입니다. 특히 한글 교육에서 맞춤법 교육 활동(받아쓰기 등)과 수학에서 문제 풀이 과정에서 활용하시는 것을 추천드립니다. 학생들이 화이트 보드를 통해 직접 그리거나 쓸 수 있으며, 문제를 풀 수 있습니다.

개별자료가 교사에게 제공됨으로 학생들이 어떤 과정을 거쳤는지 혹은, 어느 부분에서 오류를 보였는지 확인이 가능합니다. 교실 속에서는 감추기 기능을 활용하여 오답을 제출한 학생의 문제를 다시 제공하여 학생 공동체가 함께 오류를 수정해 나갈 수도 있습니다.

태블릿PC와 스마트펜이 있다면 그 효과를 더욱 극적으로 체감해 보실 수 있습니다. 특히, 쓰기 활동이 부족한 교실 속 수업에서 스마트펜을 활용해 직접 써보는 활동은 소근육 발달과 함께 두뇌 계발에도 큰 도움을 줄 수 있습니다.

2) 띵커벨

띵커벨 또한 아이스크림미디어에서 개발하고 보급하고 있는 에듀테크입니다. 처음에는 '패들렛'이라는 학생들의 의견을 모으는 소프트웨어와 비슷한 개념의 '보드' 기능만 제공을 했었습니다. 그런데 최근에는 이에 더해서 퀴즈, 토의/토론, 및 워크시트(학습지 제공 기능)까지 기능을 확장했습니다.

기초학력교육 지원이 필요한 학생의 대부분은 자신의 의견을 자신감 있게 피력하지 못하는 경우가 많습니다.

이런 학생들은 물론이고 평소 자신의 의견을 표현하지 못하는 학생들까지 함께 지도할 수 있는 참 좋은 에듀테크라고 할 수 있습니다. 거기에 더해 활동 의욕이 없거나, 산만하여 활동에 참여하지 않는 학생들을 위해 게이미피케이션 요소를 더한 퀴즈는 당연히 학습참여도를 높여 주겠지요. 워크시트 기능을 활용해 온라인으로 학습지를 풀어보는 경험도 색다른 경험을 학생들에게 제공해 줄 수 있습니다.

가) 기본적인 기능

▲ 띵커벨 메인 화면

띵커벨의 메인 화면입니다. 클래스툴과 마찬가지로 아이스크림의 아이디만 있으면 무료로 활용이 가능합니다.

기본적인 수업 자료가 담긴 '레슨' 탭과 여러 선생님들께서 제작하여 공유하고 있는 다양한 자료를 탑재한 '라이브러리' 탭, 그리고 선생님만의 제작한 자료를 탑재한 '보관함', 활용 결과를 보여주는 '리포트' 탭, 마지막으로 띵커벨 사용 방법을 다루고 있는 '지원센터' 탭이 있습니다.

▲ 띵커벨 레슨 화면

레슨 탭에서는 아이스크림 교과서를 중심으로 수업에 활용할 자료들이 탑재되어 있습니다. 각 단원의 주요 차시별로 '주제별 자료 모음' 및 활동지를 연동하여 제공하고 있습니다.

▲ 띵커벨 라이브러리 화면

라이브러리 탭에서는 공유된 각종 자료들이 탑재되어 있습니다. 탭별로 퀴즈, 토의/토론, 워크시트, 보드, 게임이 있습니다. 선생님들께서 활용하실 자료를 검색하여 활용하시면 됩니다. 물론 선생님께서 직접 자료를 만들고 공유하실 수도 있습니다.

나) 수업에의 적용

▲ 띵커벨 수업 중 활용 화면

▲ 띵커벨 수업 중 배틀 참여 화면

띵커벨에서 제공 되는 자료를 학생들에게 배부하여 학습할 수 있습니다. 와이파이 가 지원되지 않는 경우에는 선생님의 컴퓨터와 TV를 활용한 wifi-off 모드를 활용할 수도 있습니다. 과제를 제공하여 수업 후 및 방과후에도 학생들이 학습할 수 있도록 도와줍니다. 도전 모드를 통해 학생들과 함께 게이미피케이션 모드로 반복학습을 할 수 있는 점도 강점입니다. 그리고 배틀 모드로 실시간 학습 게임을 할 수 있도록 제공 되어 다양한 학습활동을 진행할 수 있고 이러한 재미적인 요소를 통해 학생들의 학습 참여를 자연스럽게 유발할 수 있습니다.

▲ 띵커벨 수업 중 보드 활용 화면

    띵커벨에서 제공하는 보드 기능입니다. 학생들의 의견을 모을 때, 학생들의 자기평가, 상호 평가 등 서로간의 의견을 교환하고 정리할 때 활용하기 좋은 에듀테크입니다.

    뿐만 아니라 다양한 교과에서 모둠별로 조사 학습한 결과를 공유할 수도 있으며, 작품 전시 활동 등을 게시하는 등 수업에서 그 쓰임새가 많습니다.

다) 기초학력 교육에서의 적용

▲ 띵커벨 수업 과제 제시 화면

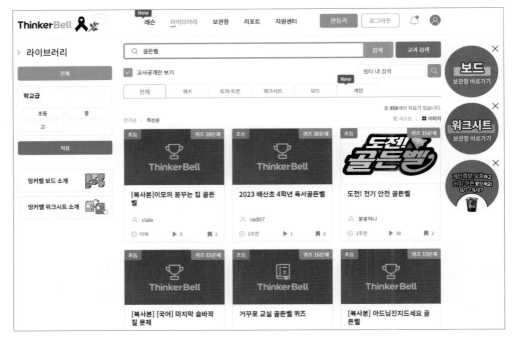

▲ 띵커벨 골든벨 화면

앞장에서의 학생 수준을 진단하고 학생에게 부족한 단원과 영역을 선정하여 반복 학습을 할 수 있습니다. 진단 결과에 따른 개별 보충학습 자료를 배부할 수 있고 이를 리포트를 통해 확인해 볼 수 있습니다.

게이미피케이션 요소를 적용해 1:1 학습이라면 선생님과의 배틀을 해볼 수도 있고, 소수의 그룹 지도라면 학생들끼리 경쟁 시키면서 학습시킬 수도 있습니다. 명예의 전당을 활용하여 부족한 영역을 반복 학습 시킬 수 있고 이에 따라 개별 보상을 제공하여 동기를 더욱 강화 시킬 수도 있습니다. 클래스툴로 오답 풀이를 하고 띵커벨의 게이미피케이션 기능을 활용해 재미를 더하면 더욱 좋은 반복 학습 효과가 있으리라 보입니다.

제공하고 있는 골든벨 기능도 모든 학생들에게 활용하실 수 있지만 기초학력 교육 지원 학생에게는 골든벨을 울려봄으로써 성취욕구를 더욱 충족 시킬 수 있습니다. 특히, 사전 학습 모형을 활용하여 먼저 학습을 하고 난 후, 학급에서 다른 학생들과 함께 활용해 보시면 대상 학생이 자신의 성취를 만족해 하시는 모습도 보실 수 있습니다.

학생이 스스로 하루하루 배운 내용을 보드에 기록해 보는 활동도 의미가 있습니다. 배움노트처럼 학습한 내용 중 중요한 내용, 자신이 학습한 시간 등을 기록하면서 자신의 기분 등 심리 상태도 함께 기록하면 정서적인 측면도 선생님께서 관리하실 수 있습니다. 자신의 하루 학습을 복기하면서 적어보는 학습은 노트필기 전략으로도 매우 유용하다 할 수 있습니다. 예를 들어 유독 기분이 좋지 않은 날 수업 후 보드 활동에 이러한 내용을 적어놓는다면 선생님께 직접 이야기하기 어려운 이야기도 쉽게 할 수 있고 선생님이 피드백을 달아 주실 수도 있습니다. 이러한 활동을 통해 학습한 내용만 정리하는 것이 아닌 학생과 선생님과의 정서적인 교감을 통해 학습 활동을 더욱 극대화 시킬 수 있게됩니다.

3) 멘티미터

멘티미터는 구글 아이디만 있으면 누구나 손쉽게 가입하실 수 있는 에듀테크입니다. 띵커벨 보드와 비슷하게 학생, 교사들의 의견을 모으거나 선택을 할 수 있는 투표 기능 및 워드 클라우드 기능을 제공합니다.

학생들이 자신의 의견을 자유롭게 이야기하고 싶을 때 활용할수도 있고, 투표 기능을 활용해서 학습한 내용을 간단하게 문제형식으로 해결하거나 토의/토론 활동에서 의견을 선정하는데도 활용할 수 있습니다.

가장 좋은 기능은 워드 클라우드 기능인데요. 학생들이 많이 써서 제출한 단어일수록 중심부에 크게 나타내 주는 기능입니다. 학습을 정리할 때, 수업에서 배운 내용 중 가장 기억에 남는 단어들을 표현해 보면 배움 정리에 큰 도움이 될 수 있습니다.

가) 기본적인 기능

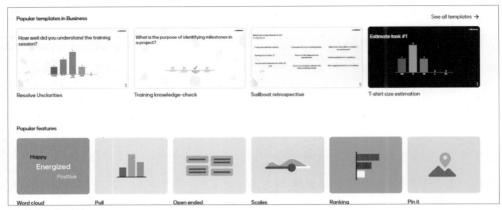

▲ 멘티미터 화면

멘티미터의 기본 화면입니다. 직관적으로 학생들의 의견을 표로 나타내어 볼 수 있습니다. 물론 앞에서 설명한 다른 클래스툴과 같은 에듀테크에서도 많이 다루고 있는 시스템이기도 합니다. 다른 점이라고 한다면 그래픽 요소를 통해 실시간으로 그래프로 보여 준다는 것입니다. 몇 명이 참여하고 있는지 인원수도 알 수 있고 어떤 의견이 가장 많은지 그래프로 알기 쉽게 표현해 주는 점이 장점이라고 할 수 있습니다.

나) 수업에의 적용

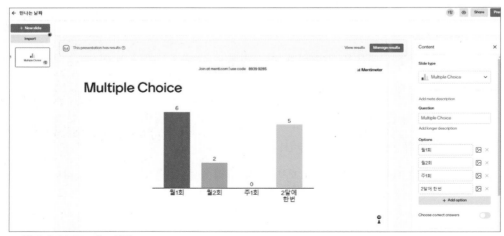

▲ 멘티미터 투표 기능 화면

가장 기본적으로 간단한 퀴즈 형식으로 문제를 내고 학생들의 답변을 확인하는 방법입니다. 다만, 누가 어떤 답을 했는지는 확인할 수 없는 단점이 있습니다. 대신 역설적으로 오답자를 감춰주기 때문에 학생들이 공개적으로 부끄러움을 타지 않을 수 있다는 장점도 보일 수 있습니다. 참여에 대한 공포심을 낮춰주는 계기가 될 수 있습니다.

토의/토론 활동에서도 활용이 가능합니다. 투표 기능과 랭킹 기능을 활용해서 학생들의 의견을 쉽게 카운팅하고 선정할 수 있습니다.

워드 클라우드 기능은 학습 종료 후 배움을 정리할 때 유용한 기능입니다. 차시 또는 하루 중 학습한 내용 중에 가장 기억에 남는 단어를 써보게 하면서 선생님과 함께 배움을 정리해 보는 활동을 매일 한다면 배움을 정리하는데 큰 도움이 될 수 있습니다.

각 에듀테크의 장점을 살려 멘티미터(동기유발)-클래스툴(본시학습 전반)-띵커벨(본시학습 후반)-멘티미터(배움 정리)로 수업 단계에 맞춰 수업 구성을 하셔도 좋을 듯 합니다.

다) 기초학력 교육에서의 적용

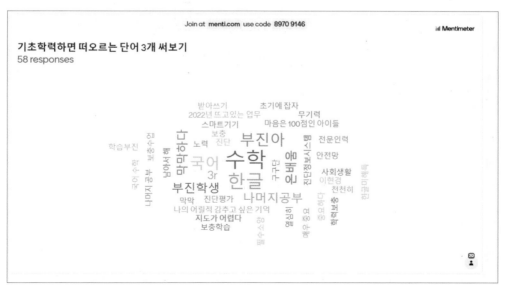

▲ 멘티미터 워드클라우드 기능 화면

배움이 느린 학생들은 실패에 대한 경험이 많기 때문에 경쟁적인 문제 풀이에서 좌절을 느끼거나 참여를 거부하는 경우가 많습니다. 따라서 무기명으로 진행되는 퀴즈 활동을 시의 적절하게 활용하신다면 대상 학생들이 큰 거부감이 없이 자연스럽게 참여하게 할 수 있습니다.

또 1:1 또는 국어, 사회 수업 시간 후 단위 차시에 배웠던 개념의 정리나 수업 후 소감이나 느낌 등을 입력하게 해보면 기초학력 교육 지도에서 학생이 어떤 내용을 가장 잘 학습했는지 알 수 있습니다. 학습 내용 외적으로 정서적으로 학생의 기분이나 마음까지 써 볼 수 있도록 기회를 제공한다면 학생의 수업 참여에 대한 마음 가짐과 배움이 즐거웠다던지 오늘은 공부가 잘 안되었다는지 등 정의적인 측면까지 케어가 가능하다는 장점도 있습니다.

이런 정서적인 부분에 대한 확인은 수업 시작 전 활용하여 학생의 진도 조절이나 학습 상담 등으로 응용, 발전시켜 활용하실 수도 있습니다.

4) OKmindmap

OKmindmap은 한국에서 개발하여 무료로 배포하고 있는 마인드맵 에듀테크입니다. 다양한 형태의 마인드맵을 제공하고 있으니, 수업의 필요에 따라서 적절한 마인드맵을 선택하여 활용하시면 됩니다.

여러 선생님들께서 이미 알고 계시겠지만 마인드맵을 활용하면 학생들이 서로 협동하여 의견을 모으거나, 발표 자료 등 협업이 필요할 때 자신들의 생각을 확장하여 창의성을 발휘할 수 있게 됩니다.

개별 활동으로 활용하셔도 되고, 모둠활동으로 사용하셔도 됩니다. 모둠활동 시에는 무임승차를 예방하기 위해서 선생님께서 주제에 대한 각 가지별로 학생들을 배정하여 주시면 좋습니다. 이 과정에서 도움이 필요한 학생들, (특히 기초학력 교육지원이 필요한 학생들)은 학생 멘토-멘티를 묶어 주어 함께 활동하도록 한다면 자연스러운 동료 학습은 물론이고 교우관계의 확장을 도울 수 있습니다.

특히 마인드 맵 사용이 꺼려지시거나 활용이 익숙하시지 않은 선생님들께 접근성이 편한 도구이기도 합니다

가) 기본적인 기능

▲ OKmindmap 워드클라우드 기능 화면

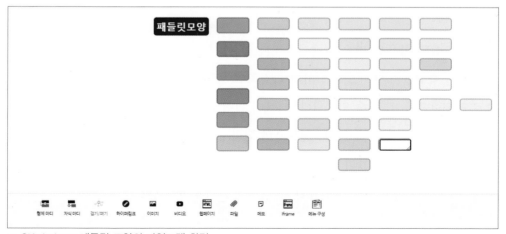

▲ OKmindmap 패들릿 모양의 마인드맵 화면

OKmindmap은 다양한 형태의 맵을 지원합니다. 기본적인 마인드맵은 물론이고 트리형태의 맵, 역사 학습에서 활용하기 편한 피쉬본 형태, 패들릿 모양의 형태까지 다양하게 지원하고 있습니다. 형제 마디(동급의 주제)와 자식 마디(하위 주제)로 구분하여 확장을 할 수 있으며 하이퍼링크, 이미지, 비디오, 파일 등을 탑재하여 자료를 더욱 풍성하게 입력할 수 있습니다.

나) 수업에의 적용

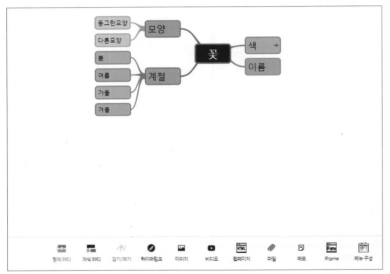

▲ OKmindmap 기본 마인드맵 화면

마인드맵은 활용은 많은 선생님들께서 잘 아시리라 생각합니다. 구태의연하게 부연하자면 학생들의 생각을 다양하게 확장하여 창의성을 길러줄 수도 있어 이 과정 만으로도 교육활동이 될 수 있습니다. 더불어 확장 과정에서 재미있는 주제가 나왔을 때 이를 중심으로 새로운 프로젝트 활동으로 심화시켜 학습을 할 수도 있습니다.

맵을 공유하여 학생들의 다른 창의적인 생각을 함께 나눠보고 논의해 볼 수도 있습니다. 확장적인 사고 활동이 필요할 때 적극적으로 추천합니다.

다) 기초학력 교육에서의 적용

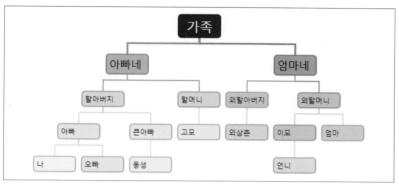

▲ OKmindmap 트리맵을 활용한 가족 교육활동 화면

　기초학력교육 지도에서 저자는 주로 한글 교육활동과 정서적 지원에 해당 에듀테크를 자주 사용하였습니다. 학생의 생각을 자연스럽게 확장할 수 있는 점은 학습자에게 부담이 적은 방법이면서도 맞춤법 등의 한글 교육을 자연스럽게 할 수 있었습니다. 학습 주제는 꽃, 날씨, 기분, 가족, 학교, 친구 등 다양하게 제시할 수 있습니다. 이러한 활동을 통해 가정환경이나 교우관계 등의 정서적인 측면까지도 교사가 자연스럽게 파악할 수 있다는 장점이 있습니다.

　예를 들어 학생이 친하게 생각하는 친구, 친해지고 싶은 친구, 피하고 싶은 친구 등도 자연스럽게 파악할 수 있으며, 가정에 대한 생각, 공부에 대한 생각 등 마인드맵을 통해 자연스럽게 학습 및 정서적 지원이 가능하였습니다.

5) 오토드로우

　오토드로우는 생성형 AI 기능을 통해 학생 또는 교사가 그리는 그림과 비슷한 사물을 찾아주는 에듀테크입니다. 예를 들어 네모를 그리고 밑에 바퀴 모양의 동그라미를 그려주면 자동으로 버스와 같은 자동차의 모양 등의 비슷한 오브젝트를 찾아 주는 기능을 가지고 있습니다. 사용 방법이 쉽고 간단해 별로 대단치 않다고 생각하고 단순한 그림 그리기 게임 활동에만 활용하실 수 있는데, 이 기능을 활용하여 포스터 그리기 등을 할 수 있음으로 미술 교과가 아닌 다른 교과에서 주요 학습 목표를 달성하는 데 시간을 많이 확보하실 수 있습니다.

가) 기본적인 기능

▲ Autodraw 기본 화면

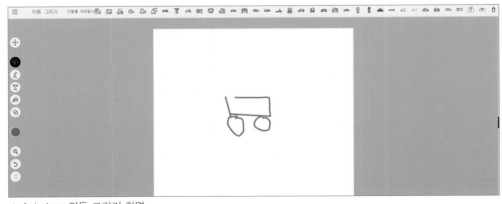

▲ Autodraw 자동 그리기 화면

오토드로우는 매우 직관적이고 심플한 에듀테크입니다. 그림을 그리면 이미 생성되어 있는 그림이 AI학습을 통해 자동으로 화면의 위에 제공됩니다. 여기에서 학생은 자신이 그리고자 했던 그림을 선택하기만 하면 됩니다. 이러한 방식을 통해 그림이나 포스터 등의 작품을 제작할 수 있습니다. 쉬운 기능이라 학생들이 금방 익히고 활용할 수 있습니다.

나) 수업에의 적용

▲ Autodraw 를 활용한 포스터 만들기

오토드로우를 통해 단순한 그림을 그려보며 낱말 학습 등을 할 수 있습니다.(듣기→그리기활동) 그 외에도 간단한 포스터 만들기 등의 활동에도 활용할 수 있습니다. 미술시간이 아닌 국어, 도덕, 사회 등의 교과에서 그림을 그릴 때 주학습 활동보다 그리기 활동에 시간을 더 많이 빼앗기는 경우가 많습니다. 오토드로우는 이러한 점을 방지해 줍니다. 단순하지만 직관적으로 그림을 생성하고 이를 통해 그리기 활동에 소모되는 시간과 에너지를 보존할 수 있습니다. 이를 통해 본 학습을 충실하게 운영할 수 있다는 장점이 있습니다. 예를 들어 사회 교과에서 환경 포스터를 만드는데 수업을 하다보면 환경에 대한 조사활동, 문제 해결 활동 보다 포스터를 그리는데 시간이 더 많이 소요되게 됩니다. 오토드로우는 자동생성 기능이 있기 때문에 학생들이 그림을 그리는데 시간을 덜 소요하게 됨으로 주요 학습 목표에 시간을 더 투자할 수 있는 것입니다.

다) 기초학력 교육에서의 적용

▲ Autodraw 를 활용한 단어 학습 만들기

학습한 단어를 그림으로 표현해 보는 활동을 합니다. 예를 들어 '꽃밭'이라는 단어를 학습했다면 꽃밭을 그려보는 활동을 합니다. 연계하여 '꽃'을 선생님께서 불러주시고 학생은 꽃을 그려봅니다. 그리고 자신이 표현하고 싶은 꽃을 선택합니다. 다음으로 '나비'라는 단어를 통해 나비 그림을 그리는 등 '꽃밭'과 연계하여 다양한 단어를 그림으로 그리며 학습할 수 있습니다. 이러한 활동은 특히 저학년이나 한글을 이제 습득하기 시작한 다문화 학생들에게도 유용하게 활용될 수 있습니다.

특히 그림을 그리는 활동에 소요되는 시간이 짧아지기 때문에 학습을 좀 더 충실하게 활용할 수 있습니다. 완성된 작품을 소장하거나 띵커벨 등과 연계하여 포트폴리오 방식으로 남겨두는 것도 좋은 자료가 될 것입니다. 또한 기초학력이 부진한 학생일수록 사물의 구체적이고 상세한 모습을 관찰하여 떠올리는 것을 어려워하는 경우가 있어, 무엇이든 아무것도 내용이 없는 것을 학습지로 배부했을 때 시작 하기가 두려운 학생들이 많습니다. 그런 학생들에게 도입을 쉽게 하는 방법의 도구로 활용하실 수 있습니다.

6) 투닝

▲ 투닝의 기본 화면 및 교육 계정

　투닝은 선생님의 경우에는 교사 인증을 하시면 무료로 활용하실 수 있습니다. 학생들과 함께 활용을 할때는 학생들에게 무료 회원 가입을 시키셔야하는 어려움이 있습니다. 회원 가입이 되지 않으면 체험판으로 작동되어 학생들의 작품을 저장하거나 기록할 수 없다는 난점이 있습니다. 이럴 때 캡처도구를 활용할 수도 있지만 매 시간 학생들의 작품을 일일이 캡처하기는 시간이 부족하기도 하고 교사의 에너지가 너무 낭비되기도 합니다. 초등학생의 경우 학부모님의 동의를 받아 학생을 가입시키는 방법 또는 학교에서 학생들에게 배부하는 개인별 구글 아이디를 통해 가입시키는 방법이 있습니다.

　이러한 단점을 뛰어 넘을 만큼 투닝은 학생들에게 인기가 많고 제작이 쉽습니다. 요즘 유행하고 있는 웹툰 방식으로 작품을 제작할 수 있기 때문입니다.

가) 기본적인 기능

▲ 투닝의 제작 화면

▲ 투닝을 문장으로 툰 생성 AI 기능 활용

    제공하고 있는 기본 배경, 인물, 요소 등이 다양하며, 특히 인물의 동작, 표정 등을 세부적으로 표현할 수 있다는 점도 인기의 요소입니다.

AI로 자신과 비슷한 형태의 캐릭터를 찾아볼 수도 있고 AI 문장으로 툰 만들기 기능을 통해 문장을 활용하여 자동으로 장면을 제작할 수도 있습니다.

그림을 잘 그리는 학생이라면 직접 오브젝트(물체)를 그려서 제작할 수도 있습니다.

이런 다양한 기능으로 인해 학생들이 손쉽게 만화 형식의 포스터, 4컷만화 등 학습 활동에 참여하기 쉬운 에듀테크라고 할 수 있습니다.

기능이 많은 만큼 이 책에서 모든 기능을 소개해 드리기는 어렵습니다. 투닝에 대한 완벽한 이해와 활용을 원하신다면 지식샘터나 각종 연수원에 다양한 연수가 개설되어 있으니 연수를 듣고 활용하시면 선생님들께서 교육활동의 적시적소에 활용하시기 좋은 기회가 될 수 있을 것입니다.

나) 수업에의 적용

▲ 투닝을 활용한 영어 웹툰 만들기 학습

투닝은 다양한 교과에서 활용하실 수 있습니다. 저학년의 경우 그리기 활동에 주로 이용하실 수 있고, 국어 교과의 경우 4컷 만화 그리기 또는 글의 내용을 정리하는 활동에서 주로 활용할 수 있습니다. 고학년의 경우 포스터 그리기를 하실 수도 있습니다. 독도의 날, 스마트폰 중독 예방 교육 등의 계기 교육활동을 웹툰 그려보기 활동으로 응용하여 활용하실 수도 있습니다. 영어 교과의 경우 'stoty tome'등 글과 관련된 내용을 정리하여 웹툰 형식으로 만들어 보면서 단어 학습을 할 수도 있습니다.

AI기능을 활용하여 문장으로 툰 만들기 기능을 활용하시면 문장에 대한 학습과 절차적인 사고에 대한 학습까지 병행 하실 수 있습니다. AI가 인식할 수 있도록 정확한 절차에 의한 문장을 작성해야 AI가 원하는 그림을 그려주기 때문입니다. 학생들이 AI 기능에 대해 경험해 볼 수 있는 점도 장점이지만 자연스럽게 문장 학습과 언어 학습, 그리고 컴퓨터의 절차적인 학습까지도 병행 할 수 있기 때문에 이는 투닝만의 큰 교육적인 장점이라고 볼 수 있습니다.

최근 웹툰의 인기가 높아진 만큼 그림에 대한 학생들의 관심과 수요가 많습니다. 이러한 점을 활용하여 다양한 교육활동에서 선생님들께서 활용하시기 좋은 에듀테크라고 할 수 있겠습니다. 학생들의 입장에서도 쉽게 웹툰을 그릴 수 있는 만큼 접근성도 높고 흥미가 높아 참여도도 높습니다. 다만, 학생들이 주제와 상관없는 작품을 만드는 등 가끔 엉뚱한 행동도 함으로 선생님들께서 제작시 순회하시면서 수업 상황을 체크하고 학생들의 수업 동기를 고취시키시는 것이 중요한 포인트라고 할 수 있습니다.

다) 기초학력 교육에서의 적용

▲ 투닝을 활용한 HTP검사

▲ 투닝을 활용한 한글 지도 교육(학생작품)

기초학력 교육에서 투닝은 간단한 그림 그리기부터 활용하실 수 있습니다. 앞서 설명드린 오토드로우의 예시처럼 단어를 읽어 주시고 학생들이 그림을 그리게 할 수도 있습니다. 또 어느 정도 한글을 사용할 수 있다면 한글을 통해 주요 오브젝트를 검색하여 작품을 제작해 볼 수 도 있습니다. 이때 말풍선 기능을 활용하여 대사를 넣어 한글 교육을 지도하실 수도 있습니다. 특히, 이 부분에서 학생들의 맞춤법을 점검하실 수도 있고 과도한 줄임말 등을 확인하여 정정해 주실 수 있습니다.

제작하는 그림을 통해 학생의 정서적인 부분도 캐치하실 수 있습니다. 학생이 어떤 관심 분야가 있는지, 어떤 표현을 하고 있는지를 통해 공격적인 측면, 사회성적인 측면도 함께 관찰하실 수 있습니다.

간단한 HTP(집-나무-사람) 검사도 투닝을 통해 실시할 수 있습니다. 인물의 표정을 커스터마이징 할 수 있기 때문에 좀 더 세밀한 투사를 할 수 있어 정서심리검사에 도움이 될 수 있습니다.

7) 클래스카드

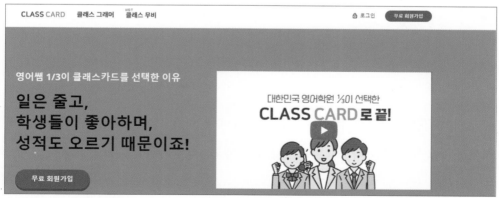

▲ 클래스카드의 메인 화면

클래스카드는 대표적인 영어 학습을 위한 에듀테크로 교사 인증을 받으시면 무료로 활용이 가능합니다. 많은 영어 선생님들께서 활용하시는 사이트로 영어와 관련된 많은 자료들이 탑재되어 있습니다. 공유되어 있는 자료도 많고 선생님들께서 직접 제작하실 수도 있는데, 제작시에는 관련 단어와 연관된 문장, 그림까지 제공되기 때문에 편하게 양질의 자료를 편하게 제작하실 수 있습니다.

가) 기본적인 기능

▲ 클래스카드의 나의 클래스(학급) 설정 및 단원별 주요 단어 세트 활용 화면

먼저 학급을 개설하실 수 있는 기능이 있습니다. 학급을 개설해서 학생들에게 선생님께서 찾으신 자료를 과제로 부여하실 수도 있고, 직접 제작한 자료를 제공하실 수도 있습니다.

학년별, 교과별로 중요 핵심 단어와 어휘를 수업 시간에 활용하실 수도 있습니다. 영어 교과서에 따라서 단원별로 제작된 자료도 있고, 여러 선생님들께서 만들어 공유해주신 자료를 검색하여 활용하실 수도 있고, 위에서 설명드린 바와 같이 선생님들께서 직접 자료를 제작하여 활용하실 수도 있습니다. 자료를 통해 학급에서 단어와 어휘, 문장들을 카드 형식으로 학습하실 수 있습니다.

　마지막으로 퀴즈 배틀 모드를 통해 게이미피케이션 요소를 활용, 학습한 내용을 바탕으로 반복 학습할 수도 있습니다.

나) 수업에의 적용

▲ 클래스카드의 나의 클래스에 과제를 제시하는 화면

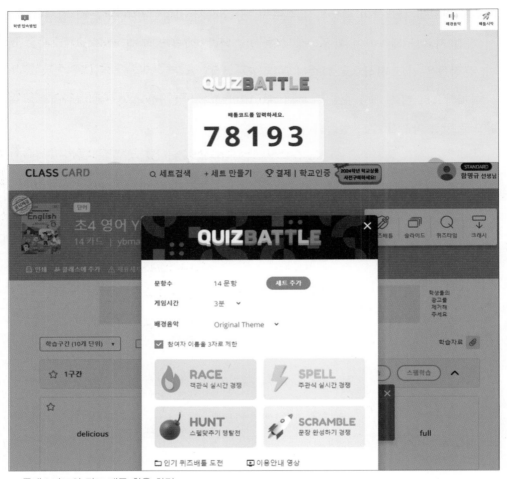

▲ 클래스카드의 퀴즈 배틀 활용 화면

▲ 클래스카드의 퀴즈 배틀 참여 화면

클래스카드에서 학급을 구성하셔서 선생님들의 자료를 학생들에게 배부하고 사전, 사후 학습을 할 수 있습니다.

이를 바탕으로 수업에서 학습자료를 함께 보며 학습을 하실 수도 있고, 동기 유발이나 학습정리 활동을 하실때에는 배틀 모드를 통해 게이미피케이션 활동을 하실 수 있습니다.

이때 학생들은 클래스카드 배틀 사이트를 통해 접속합니다. 배틀 코드를 입력만 하면됨으로 학생들이 접속하기에도 편합니다.

학년의 주요 단어, 어휘를 모두 활용하여 전체적인 평가도 하실 수 있지만, 개인적으로 추천드리는 것은 단원의 마지막에 활용하셔서 단원의 주요 단어, 어휘를 반복학습하는 것입니다. 단원마다 주요 단어, 어휘가 몇 개 되지 않기 때문에 3분의 시간동안 계속해서 반복적으로 문제가 나오게 되고 학생들은 반복 학습을 통해 자연스럽게 학습의 목표를 성취하게 됩니다.

다) 기초학력 교육에서의 적용

▲ 클래스카드의 주요 단어 학습 활용 화면

영어 교과 기초학력 교육에 활용하실 수 있습니다. 선생님께서 제작하신 자료를 바탕으로 대상 학생과 학습 하신 뒤, 정리 활동에서 선생님과 1:1 대결 또는 소규모 학생과의 대결을 통해 반복학습을 하는 것입니다. 매번 쓰기와 암기만 하는 영어 교육을 게이미피케이션 활동을 통해 재미있게 참여할 수 있어 학생들이 공부한다는 느낌보다는 놀이를 한다는 생각을 하기 때문에 반응이 좋습니다. 예습모형을 활용하시어 먼저 학습 한뒤 학급에서 다른 학생들과 함께 게이미피케이션 활동을 한다면 본인의 자존감 역시 상승할 수 있는 기회를 부여 받게 될 것입니다.

8) 카훗

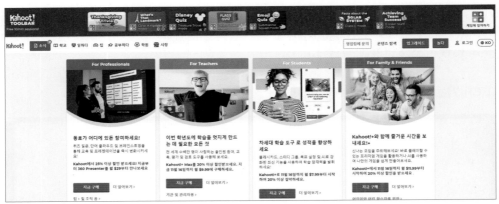

▲ 카훗의 메인 화면

카훗은 위에서 설명드린 클래스카드와 비슷한 기능을 가진 에듀테크입니다. 다른점이 있다면 외국의 에듀테크이기 때문에 영어 기반이라 구글 한글 번역 기능을 활용해도 번역의 오류가 조금 있다는 점입니다. 하지만 클래스카드가 영어 기반의 수업에서만 활용이 가능하다는 단점이 있는 반면 카훗은 다양한 교과에서 활용이 가능합니다.

그림이나, 글을 통해 객관식 문제를 만들어 학생들이 문제를 맞추는 에듀게이미피케이션으로 활용할 수 있습니다.

가) 기본적인 기능

▲ 카훗의 퀴즈만들기 화면

카훗은 기본적으로 문제 생성 기능이 있습니다. 그림이나, 글을 넣고 4지 선다형의 문제를 만드실 수 있습니다. 답지는 색상과 도형 모양으로 직관적으로 구분이 되게 만들어져 있고 이 중 하나의 정답을 고를 수 있도록 셋팅되어 있습니다.

제작이 간편함으로 선생님들께서 영어에 자신이 없으시더라도 활용하시기에는 큰 무리가 없을 것입니다.

나) 수업에의 적용

▲ 카훗의 퀴즈 활용 교육 화면

▲ 카훗의 계기 교육 활용 화면

　카훗을 활용하여 선생님들께서 만드시거나 공유 받은 문제를 게이미피케이션으로 동기 유발, 학습 정리 활동에서 활용하실 수 있습니다. 이는 교과 교육 뿐만이 아니라 계기교육 자료를 만들어서 다양하게 활용하실 수 있습니다.

　고학년의 경우에는 학생들이 직접 문제를 만들어 보게 하는 활동을 할 수 있습니다. 이를 통해 자신의 배움을 성찰하고 다른 학생들과 함께 문제를 풀어보면서 배움을 나눌 수도 있습니다. 이는 학생들에게 색다른 경험이 될 수 있고 학습동기를 불어 일으킬 수 있습니다.

다) 기초학력 교육에서의 적용

▲ 카훗 게임 활동을 통한 한글 지도 화면

기초학력 교육 지원 학생들에게 단어 학습을 하고 이를 게이미피케이션으로 활용하기에 좋습니다. 위에서도 많은 에듀테크들이 있지만 그림이나 사진을 통해 학습하는 것은 저학년 학생들에게 큰 도움이 됩니다.

고학년의 경우 컴퓨터를 다룰 수 있는 학생들이라면 학습한 내용을 직접 문제로 만들어 보라고 하는 것도 좋은 효과가 있었습니다. 기기를 다루기 좋아하는 학생의 경우 문제를 만들어서 선생님에게 풀어보라고 하는 등 자신이 배운 내용을 스스로 문제를 만들어 정리하는 모습을 보여줬습니다. 선생님들께서도 아시겠지만 학생이 문제를 만든다는 것은 학습의 소위 말하는 끝판왕이라고 할 수 있습니다. 이는 상위 인지전략으로 연결되기도 합니다. 배움의 성찰을 최종적으로 정리하고 지식을 생성하는 과정이기 때문입니다.

9) 바닷속 한글놀이 (애플리케이션)

▲ 바닷속 한글놀이 메인 화면

이번에 소개 시켜드릴 에듀테크는 바닷속 한글놀이라는 애플리케이션입니다. 기존에 소개시켜드린 에듀테크는 웹기반이었지만 바닷속 한글놀이는 앱으로만 구동하는 애플리케이션이라 컴퓨터로는 사용이 어렵습니다. 하지만 보급률이 월등한 스마트폰에 앱을 설치하여 학생 개별로 손쉽게 사용할 수도 있다는 큰 장점도 있습니다. 하지만 그만큼 한글 교육에 큰 장점이 있음으로 구글 크롬북에서 앱을 다운 받거나, 태블릿PC에서 앱을 다운 받아 활용을 하신다면 학생들의 한글 교육에 큰 도움이 될 것입니다. 특히 이렇게나 좋은 앱이 무료라는 것은 너무나도 큰 장점입니다. 따라서 가정과 연계하여 안내 후 가정학습까지도 활용한다면 좋은 한글 학습 지도가 될 것입니다.

가) 기본적인 기능

▲ 바닷속 한글놀이 VR체험 활동 화면

기본적으로 단어학습, 게임학습 등이 있습니다. 낱말카드, 그림찾기, 낱말찾기, 글자찾기, 카드게임, 퍼즐놀이 등 저학년 한글 교육에 맞춰진 기능들이 탑재되어 있습니다. 게이미피케이션 요소도 있기 때문에 학생들이 즐겁게 학습할 수 있습니다. 한글 지도에 어려움이 있는 고학년 학생이나, 다문화 학생들에게도 기초 한글 교육에 큰 도움이 될 수 있습니다.

나) 수업에의 적용

▲ 바닷속 한글놀이 다양한 게임으로하는 한글 공부 화면1

▲ 바닷속 한글놀이 다양한 게임으로하는 한글 공부 화면2

저학년의 한글 지도에 큰 도움이 됩니다. 학생들에게 바닷속 한글놀이 앱을 다운 받게 하거나 선생님께서 사전에 다운을 받아주신 뒤, 학생들이 학습을 할 수 있도록 지원해 주시면 됩니다. 앱으로 구동 되는 만큼 선생님들께서 따로 학습자료를 제작하실 것은 없습니다. 학생들이 잘 학습하고 있는지 관리하고 보조하는 역할을 하시면 됩니다. 자율적으로 학생들이 학습하게 하시기 보다는 읽기, 쓰기, 말하기 활동을 동시에 하도록 하시고 게임 활동은 마지막에 할 수 있도록 관리 감독하시면 수업에서의 좋은 활용이 될 것 같습니다. 특히 전용펜을 준비해 주신다면 쓰기 활동에서 큰 도움이 될 수 있을 것입니다.

다) 기초학력 교육에서의 적용

▲ 바닷속 한글놀이 글씨 쓰기 화면

기초학력 교육에서 바닷속 한글놀이는 좋은 애플리케이션입니다. 1:1 또는 1:소수의 학습에서 단어 교육을 하실 때 선생님들께서 바로바로 피드백을 주시기 좋은 앱입니다. 학생들이 혼자서 게임처럼 학습하기 때문에 질려지지도 않습니다. 기본 한글 교육을 반복해서 연습하고 이를 통해 단어 학습도 할 수 있습니다.

특히 쓰기 활동에 있어서 획순으로 글씨를 써보는 연습도 할 수 있기 때문에 바른 글씨를 쓸 수 있도록 학습자를 지도할 수 있습니다. 자음, 모음, 단어, 문장 학습 등 다양한 교육자료가 있기 때문에 다른 학습지가 필요 없을 정도로 기초학력 교육에서 바닷속 한글놀이는 좋은 에듀테크라고 할 수 있습니다.

에듀케이미피케이션

기초학력교육 지도에서 선생님들께서 가장 어려워하는 것은 무엇일까요? 대상 학생들의 수준을 진단하는 것, 학생을 지도하는 것 모두 힘든 일이었습니다. 하지만 다년간의 지도에서 가장 힘들었던 것은 대상학생들이 참여를 하지 않는 경우였습니다. 수업을 빠지거나 참여해도 지루해하는 경우였습니다. 학부모님들께서도 아이가 참여하는게 싫다고 하면서 방과후 보충학습을 안하겠다고 하시는 경우도 제법 많았습니다. 분석, 지도는 선생님들께서 조금만 연구하시고 노력하시면 되는 일이지만 학생의 마음을 돌리는 것은 '소를 물가에 데려가도 물을 마시게 하는 것은 어렵다'라는 속담처럼 너무나도 힘든 일이었습니다.

이럴 때 자신있게 추천하는 방법은 바로 '에듀게이미피케이션'을 활용한 기초학력 교육 지도방법입니다.

먼저 에듀게이미피케이션의 정의를 드리겠습니다. 에듀게이미피케이션은 '게이미피케이션'을 교육적으로 활용하는 것을 의미합니다. 부끄럽지만 제가 제안하고 있는 용어입니다. 기존 게이미피케이션에 대한 용어는 이미 정리되어 있습니다. ~fication 이라는 용어자체가 ~화 하다라는 뜻으로 비슷하게 사용하는 단어로는 젠트리피케이션 같은 용어도 있습니다. 다만, 게이미피케이션이라는 용어와 관련해서 논문도 많이 있고, 교육적인 활용보다는 사회에서 활용하는 경우가 많습니다. 예를 들면 커피숍의 쿠폰 모으기 같은 요소가 바로 게이미피케이션을 활용한 사회 활용입니다.[3]

학교 현장에서는 게이미피케이션이라는 용어를 많이 활용하고 있는데 거시적으로 보면 틀린 말은 아니라고 할수 있습니다. 실제로 아르헨티나에서는 게임 디아블로를 활용하여 언어 학습을 한 사례도 있습니다. 다만 어떤 활동이든 게이미피케이션이라는 용어를 쓸 수 있기 때문에 교육현장에서 일반 게임을 하는 것이 아니라 교육적인 게임을 하고 있는 교사의 입장에서는 자칫 학교에서 게임만 한다는 오해 아닌 오해를

---

[3] 게이미피케이션의 정의와 사례분석을 통해본 앞으로의 게임시장 전망((이동엽, 2011.10 인용)

받을 수도 있습니다. 따라서 게이미피케이션 활동 중에서 교육활동에 특화된 것을 '에듀게이미피케이션'이라고 정의할 수 있겠습니다.

학생들이 즐거워하고 자발적으로 참여하고 싶어하는 에듀게이미피케이션 활동을 사용하신다면 위에서 말씀드린 학생의 참여에 대한 걱정을 많이 줄이실 수 있습니다.

현장에 많은 에듀테크들이 존재하고 그 중 게이미피케이션 요소를 가진 프로그램들 역시 많이 있습니다. 활용 방법에 따라 일반 에듀테크들도 게이미피케이션 요소를 활용해서 교육활동을 할 수 있기 때문입니다.

5장의 교실에서 활용하는 에듀테크에서도 게이미피케이션 요소를 가진 에듀테크들을 많이 소개 시켜드렸습니다. 그래서 이번 장에서는 에듀게이미피케이션으로 학습을 할 수 있는 에듀테크를 몇 가지 엄선해서 설명해 드리고자 합니다. 직접 현장에서 사용해보고 학생들이 좋아했던 프로그램들이면서 선생님들께서 다루기 쉬운 프로그램을 중심으로 선정해 보았습니다.

퀵드로우

가) 기본적인 기능

▲ 퀵드로우 화면

퀵드로우는 정말 단순한 머신러닝 기반 에듀테크입니다. 퀵드로우에서 제시하는 단어를 보고 이를 그림으로 시간내에 그리면서 AI가 이를 인식하면 정답으로 인정이 되는 프로그램입니다. 이를 교육적으로 활용하면 좋은데, 특히 미술교육을 융합하여 한글 교육에 큰 도움이 된다고 생각합니다.

나) 수업에의 적용

▲ 퀵드로우 문제 화면

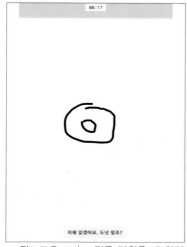

▲ 퀵드로우 AI의 추론과정

▲ 퀵드로우 AI가 그림을 맞췄을 때 화면

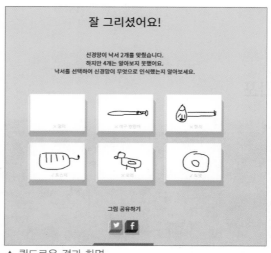

▲ 퀵드로우 결과 화면

사물을 인식하고 이를 그림으로 나타낸다는 것은 기본적인 읽기 능력과 더불어 학습된 내용을 다시 상기하고 표현하는 역할을 하기 때문입니다. 단기 기억 속에 있는 지식을 장기기억으로 유지하는데 큰 도움을 준다고 볼 수 있습니다. 저학년 및 다문화 한글 교육을 하신 뒤 퀵드로우를 사용하여 학습을 정리하신다면 학생들의 만족도가 높아질 것입니다. 특히, 자신히 모르는 단어가 나온다면 이를 궁금해하고 교사에게 단어를 문의하거나 자발적으로 단어를 찾아보는 모습도 볼 수 있었습니다.

다) 기초학력 교육에서의 적용

실제로 기초학력 교육에서 단어카드와 한글을 매칭하는 활동을 많이 하고 있습니다. 교육학에서 말하는 조절과 동화가 자연스럽게 단어와 그림을 매칭하면서 이루어지기 때문입니다. 반면 이러한 활동을 매번 하는 기초학력교육 지원 대상 학생들은 이에 싫증을 느끼는 경우가 있습니다. 그럴 때 퀵드로우를 활용하시면 자연스럽게 흥미와 재미를 주면서 놀이처럼 학습을 할 수 있습니다. 기존의 단어 매칭 활동을 하시면서 병행하여 복습 차원에서 활용하신다면 큰 효과를 보실 수 있을 것입니다. 단순히 게임적인 기능이 있지만 어떻게 활용하시느냐에 따라 학생들의 참여와 흥미 그리고 학습 능력 향상을 맛보실 수 있을 것입니다.

라포라포

▲ 라포라포 메인 화면

라포라포는 이름 그대로 교사-학생, 학생-학생간 라포를 형성하는 에듀게이미피케이션입니다. 유료라는 단점이 존재하지만 최근 네이버 웨일스페이스와 협업을 하여 무료 계정으로 활용하실 수 있어 추천을 드립니다. 선생님께서 문제를 생성하시고 이에 맞춰 QR코드 또는 QR코드 없이 일반적인 형태로 학생들이 문제를 맞추고 과업을 완성하는 에듀테크입니다.

방탈출 문제풀이, 히트&런 이라는 야구형 게임 등 학생들이 게임을 통해 학습을 할 수 있도록 구성되어 있어 학생들이 자신도 모르게 학습에 빠져드는 모습을 볼 수 있습니다.

가) 기본적인 기능

▲ 라포라포 문제도서관 화면

▲ 라포라포 문제도서관의 문제은행 화면

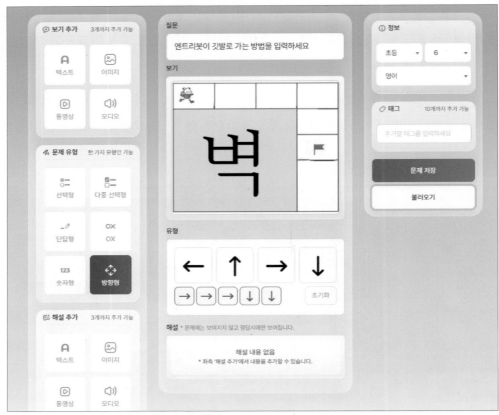

▲ 라포라포 문제도서관에서 문제를 만드는 화면

　라포라포는 거의 완성되어 있는 에듀게이미피케이션입니다. 문제도서관에서 문제를 만드셔서 게임센터에서 게이미피케이션을 활용하실 수 있습니다.

　문제도서관에서 주로 선생님들께서 문제를 만드시거나 공유하실 수 있습니다. 문제는 선택형, 다중 선택형, 단답형, OX형, 숫자형, 방향형 문제를 생성하실 수 있습니다. 문제를 만드는 방식은 매우 직관적으로 구성되어 있어 처음 다뤄보시는 선생님들께서도 한번만 사용해 보신다면 간단하게 만드실 수 있게 되어 있습니다.

　다음으로 만드신 문제를 게임센터에서 게임 종류와 테마를 선택하신 뒤, 불러오기를 통해 게임 세트를 제작하여 학생들과 게임을 시작하시면 됩니다.

▲ 라포라포 게임센터에서 문제를 불러오는 화면

▲ 라포라포 QR 방탈출 화면

▲ 라포라포 히트&런 화면

▲ 라포라포 퀴즈타임 화면

▲ 라포라포 빙고의 신 화면

게임센터에는 꾕장히 많은 에듀케이미피케이션 요소를 가지고 있습니다. 온라인 토론 활동 같은 시스템도 담겨있지만 게이미피케이션 관련 4가지 주 테마를 설명드리고자 합니다.

QR코드 방탈출, 히트&런, 퀴즈타임, 빙고의 신 이라는 4가지 활동이 존재합니다. 사진에 다 담지는 못했지만 이 외에도 온라인 토론 활동 같은 시스템도 담겨있습니다. 게이미피케이션 관련 4가지 주 테마를 설명드리고자 합니다.

QR코드 방탈출은 선생님들께서 문제를 만들고 QR을 출력하여 학생들이 스마트폰이나 크롬북 등을 이용하여 QR을 찍어 문제를 풀고 가상의 방을 탈출하는 에듀게이미피케이션입니다.

히트&런은 QR퀴즈 방탈출과 비슷하지만 일반 문제를 풀고 이를 바탕으로 야구 게임을 하는 에듀게이미피케이션입니다. 토너먼트 시스템이 추가되어 있어 학생들이 경쟁을 바탕으로 학습을 할 수 있습니다.

퀴즈타임은 시나리오와 추론 문제가 없는 일반 문제로만 이루어진 에듀게이미피케이션입니다. 아마 선생님들께서 가장 많이, 편하게 쓰시게 될 테마라고 생각합니다.

마지막으로 최근 추가된 빙고의 신은 선생님들께서 만드신 문제를 풀고 문제를 푸는 순서에 따라 이를 바탕으로 빙고를 하는 빙고 게이미피케이션입니다.

학생들이 이기기 위해서 정말 열심히 참여하는 모습을 볼 수 있으며 팀 플레이가 기반이기 때문에 처음에 혼자만 열심히 하다가도 잘하는 학생이 느린 학생들을 돕게 되는 자연스러운 협력 활동 모습을 보실 수 있습니다.

나) 수업에의 적용

기본적으로 일종의 시나리오를 가진 테마가 존재하고 추론 문제라는 협력을 통해 모둠원들이 함께 해결해야하는 고난이도 문제도 존재합니다. 그렇기 때문에 모둠원들의 협력이 필수적인 요소가 될 수 밖에 없습니다.

게임의 유형을 선택하셔서 문제를 제작하거나 공유된 문제를 통해 차시, 단원별로 정리 활동에 활용하실 수 있습니다. 문제 생성이 어렵지 않음으로 퀴즈타임을 통해 학생들이 개별 활동을 할 때 간단히 몇 문제를 만드셔서 즉석에서 활용하실 수도 있고, 단원이 끝날 때 방탈출 게임을 통해 아이들과 함께 1시간 정리 학습으로 즐겁게 활용하실 수도 있습니다. 특히, 방탈출 게임을 통해 게이미피케이션의 요소 중 하나인 경쟁적인 요소를 투입하신다면 모둠별 학생들이 상호 협력하며 탈출을 위해 노력하는 하나되는 모습도 보실 수 있습니다.

특히 게임을 진행하시면서 각종 협력 미션을 제공하신다면 교사-학생, 학생-학생 간의 라포가 더욱 형성될 수 있습니다.

예를 들면 협력 포즈 취하고 사진 찍기, A4용지에 모두 올라가기 등 다양한 협동적인 미션을 제공할 수 있습니다.

다) 기초학력 교육에서의 적용

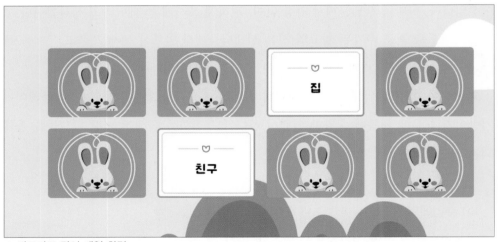

▲ 라포라포 단어 게임 화면

라포라포 자체를 기초학력 교육에서 활용하실 수 있습니다. 문제를 종이가 아닌 태블릿이나 크롬북으로 푸는 것으로도 아이들은 충분히 흥미로워 합니다.

위에서 충분히 설명드린 방법을 기초학력 교육 지도에서도 활용하실 수 있으십니다. 더 추천해 드릴 것은 메인 화면의 트리하우스에 있는 베타 게임입니다. 단어를 학습하고 학습한 단어를 골라 게임을 만듭니다. 그리고 단어를 골라 문장 완성학습을 해보는 활동입니다. 그 외에도 그림 맞추기가 있는데 사진과 단어를 조합해서 그림을 맞추는 에듀게이미피케이션 활동을 하는 것입니다. 학생들이 문제집을 이용해서 단순히 글 공부를 하는 것을 지루해하고 싫어하는데 이렇게 학습을 하면 정말 재미있게 참여하고 복습의 효과도 있어 기억에 오래 남습니다. 이는 선생님들께서도 아시다시피 에빙하우스의 망각곡선 이론을 적용하여 복습의 효과를 통해 기초학력교육이 필요한 학생들의 망각 곡선을 최대한 오래 끌고 가는 방법입니다.

기초학력교육이 필요한 학생일수록 공부에 흥미가 떨어지니 이런 에듀게이미피케이션 활동이 큰 도움이 될 것입니다.

❝ 교사의 TIP

와이파이 등 무선 인프라 환경이 갖춰진 곳이라면 현장 체험학습장에서도 라포라포를 활용할 수 있습니다. 와이파이가 안되는 곳이라면 학부모님들께 사전에 동의를 받아 체험학습을 운영하는 시간동안 데이터를 사용할 수 있도록 조치하면 됩니다. 라포라포는 웹 기반으로 가볍게 돌아가는 프로그램이기 ·문에 적은 데이터 양으로도 충분히 활동에 참여할 수 있습니다. 현장체험학습장의 지도를 구하고 라포라포의 QR코드를 캡처하여 옮겨 놓으면 훌륭한 현장체험학습 방탈출 지도가 완성됩니다. 조금의 준비로 기초학력 지원이 필요한 학생들을 포함하여 모든 학생이 즐겁게 참여할 수 있는 에듀게이미피케이션을 직접 보실 수 있습니다. 라포라포를 활용한 현장체험학습 사례 사진을 첨부합니다.

▲ 하남유니온파크 체험학습

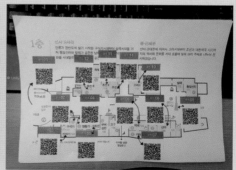

▲ 국립중앙박물관 체험학습

젭(ZEP)

▲ zep 메인 화면

　젭은 가상 공간인 메타버스를 활용한 에듀테크입니다. 기본적으로는 다른 사람들이 만들어 놓은 맵을 활용하여 즐기기만 할 수도 있습니다. 하지만 좀 더 나아간다면 맵을 직접 만들어 보는 활동을 하면서 절차적, 공간적 사고력도 향상 시킬 수 있으며 이를 바탕으로 AI 교육활동에도 큰 도움이 될 수 있습니다. 나만의 맵을 만들어보면서 학생들간의 교류도 할 수 있는 젭은 최근 유료화가 되면서 접속인원이 최대 20명으로 인원수 제한이 생겼지만, 네이버 웨일 스페이스를 활용하신다면 50명까지 무료로 동시 접속할 수 있음으로 ZEP Edu를 활용하시는 것을 추천드립니다.

가) 기본적인 기능

▲ ZEP 스페이스 만들기

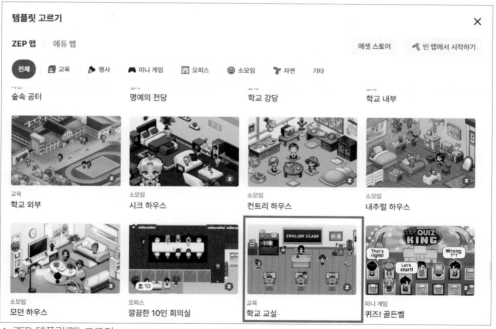

▲ ZEP 템플릿(맵) 고르기

먼저 스페이스 만들기를 누르시고 적당한 맵을 불러옵니다. 저는 예시로 '학교 교실'을 선택하였습니다.

▲ ZEP 맵 에디터 활용하기

맵을 고르시면 자동으로 맵에 접속하게 됩니다. 이때 왼쪽 메뉴에 있는 '맵 에디터' 기능을 클릭하여 맵을 고치실 수 있습니다.

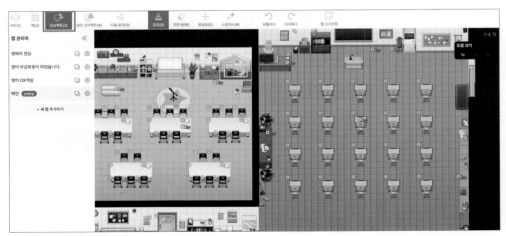

▲ ZEP 오브젝트 변경하기

오브젝트를 클릭하시면 사물들중에서 톱니바퀴 모양이 활성화 되는 것을 확인하실 수 있습니다.

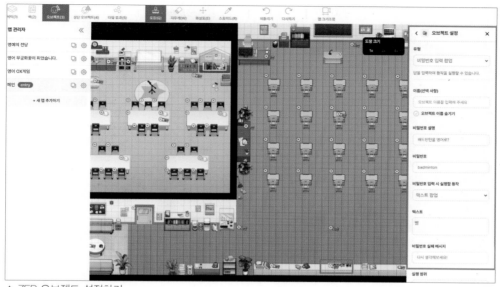

▲ ZEP 오브젝트 설정하기

톱니바퀴 모양의 오브젝트를 골라 누르시고 오브젝트 설정을 하시면 그림과 같이 오브젝트 설정창이 열립니다. 유형에서 비밀번호 입력 팝업으로 설정 하시고 '비밀번호 설명'에 문제를 내신 뒤, '비밀번호'에 정답을 입력하시면 됩니다. 이후 '텍스트 팝업'에 글자를 띄워줍니다. 이런식으로 한 문장의 문제를 만드신 뒤, 교실문 오브젝트에 글자를 입력하면 사라지게 셋팅을 해주시면 방탈출 맵이 형성됩니다.

젭은 가상 공간을 만드는 만큼 그 기능도 폭이 넓고 깊이가 있습니다. 세부적인 기능을 배우시기 위해서 따로 연수를 듣는 것을 추천드립니다. 이 책에서는 맛보기로 기본적으로 만들어진 맵을 불러오는 기능을 통해 방탈출 문제를 만드는 기능까지만 소개해 드리고자 합니다.

나) 수업에의 적용

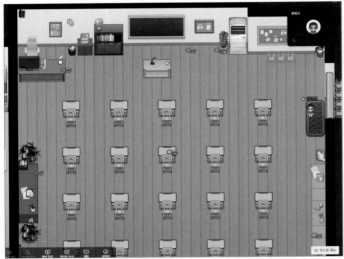

▲ ZEP 방탈출 화면

보통 수업에서는 방탈출 맵과 문제를 만들어 활용을 하시는 편입니다. 수업을 하신 뒤, 학생들과 함께 학습한 내용들을 복습하는데 많이 사용합니다. 퀴즈를 만들어서 퀴즈를 풀고 이를 통해 메타버스 안의 맵에서 탈출을 하는 것이죠. 공유되어 있는 맵들도 많이 있기 때문에 선생님들이 사용하시기에도 편리하시고요. 물론 맵을 직접 디자인하시려면 시간과 노력이 많이 필요하시긴 합니다.

▲ OX 퀴즈 화면

그 외에도 미니 게임을 활용하여 O,X 문제로 차시별 또는 단원별 학습 정리에 활용하실 수도 있습니다. 간단한 문제를 사전에 준비하셔서 바로바로 학생들과 함께 게이미피케이션 활동을 하실 수 있습니다.

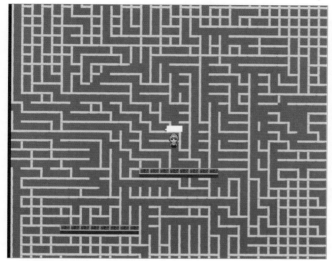

▲ 학생이 만든 ZEP 미로탈출 화면

학생들은 직접 맵을 만들어 보는 활동도 좋아합니다. 나만의 캐릭터를 꾸미는 것을 시작으로 미로만들기, 자신이 직접 문제를 만들어 보는 활동을 합니다. 특히, 맵을 꾸미는 것은 학생들의 공간지각능력과 절차적 사고를 하는 컴퓨팅 능력까지 함양 시켜줄 수 있기 때문에 학생의 자기 계발에 큰 도움이 됩니다.

다) 기초학력 교육에서의 적용

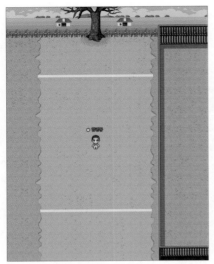

▲ 무궁화 꽃이 피었습니다 화면

　말하기 교육에서는 '무궁화 꽃이 피었습니다.' 맵을 이용해서 활동을 하고 있습니다. 무궁화 꽃이 피었습니다. 대신 학습한 문장이나 단어를 말하게 하는 것이죠. 특히 소극적거나 자신감이 떨어져 말하기 힘들어하거나 싫어하는 학생들도 적극적으로 참여가 가능합니다.

　위에서 언급한 맵 만들기 활동도 실시하고 있습니다. 다중지능 이론에 근거하면 학생들마다 강점지능이 있습니다. 앞장에서 설명했던 투닝같이 그림에 강점을 가진 학생이라면 그리기 활동을 통해 다른 약점 지능을 강화시킬 수도 있고요. 로블록스, 마인크래프트 같이 ZEP Edu를 활용하면 공간지각능력 등을 강화 시키면서 다른 약점 지능을 강화 시킬 수도 있습니다. 메타버스는 가상세계이니까 아이들에게 창의력을 신장시켜주면서 학습활동을 더욱 강화시켜줄 수 있습니다.

　현장의 선생님들의 아이디어에 따라 더욱 훌륭한 교육이 될 수 있습니다. 선생님들의 능력이 출중하시니 다양한 교육적 활용이 될 수 있을 거라 생각합니다. 또한 이런 교육 사례들이 서로 공유된다면 더욱 훌륭한 교육 환경이 구성될 것이라 생각합니다.

진단보정시스템

　국가, 즉 교육부가 지원하고 충남대측정연구소가 개발하여 진단−보정−향상도평가−보정 순서로 2년간의 학력을 지원하는 체계적인 시스템입니다. 물론 진단에 의해 전년보다 더 학력이 이하로 나타날 경우, 선수학습에서 결손이 일어난 교과의 영역과 요소를 찾아낼 수 있고 이를 지도하기 위한 자료까지 지원하는 훌륭한 에듀테크입니다.

　국가적으로 시행하는 에듀테크인 만큼 진단 문제도 전년도 교육과정의 성취기준별 핵심요소를 상,중,하로 난이도를 구분한 교육과정 평가원의 자료를 바탕으로 만들어집니다. 문제의 난이도는 '하'에 맞추어 문항 개발을 하는데 이는 학습부진이나 3'Rs 기초학력 부진을 가려내기 위함입니다.

　그럼 지금부터 진단보정시스템을 통하여 어떤 방법으로 학년 초 진단부터 겨울방학의 보정까지 진행되는지 알아보겠습니다.

▲ 진단보정시스템 홈화면

기본기능 익히기 (진단보정시스템 학급 생성 및 학생 가입)

교사가 로그인 후 학생관리/내 학생 일괄 등록으로 들어가시면, 먼저 개인정보보호
법에 의거한 동의화면이 뜹니다. 그래서 학년 초, 교무부장이 보내는 학교 개인정보동
의서에 미리 '학습에 관련한 모든 사항(학력 진단 및 검사 등)을 동의함'으로 기재하여
동의서를 받아두시길 권장드립니다. 내 학생 일괄 등록은 학년, 반, 총 인원수만 입력
하시면 됩니다.

다음 내 학생등록 탭으로 이동하여 학생들의 개인정보를 넣으시면 됩니다. 번호,
성별, 이름이 개인정보입니다. 이 정보를 입력하면 아이디가 생성됩니다. 아이디는,
나이스코드(4)+년도 뒷자리(2)+학년+반+번호(**예** ID: 3744xxxxxxxxx)인 일련 방
식으로 형성됩니다.

▲ 진단보정시스템 학생일괄등록 개인정보보호

▲ 진단보정시스템 내 학생 등록 화면

　내 학생 관리로 등록이 되면 매칭은 자동으로 됩니다. 하지만 교과 전담 선생님이나 일괄 등록이 아닌, 개별로 등록한 학생(전입 등)은 '매칭하기' 버튼을 눌러 매칭을 하셔야 합니다. 교과목 선생님의 경우 담임교사가 내 학생 관리에서 지도과목을 선택해주어야 '내 학생등록'이 된다는 점을 잊지 마시길 바랍니다. 그러므로 담임교사는 학생등록 시 5개 과목 모두를 대상 과목으로 지정하실 필요가 있으며 방과 후나 두드림학교의 보조강사가 채용되는 경우, 내 학생 관리에서 보조교사로 변경하실 수 있습니다. 이는 담임교사와 교과목교사, 보충강사가 부진학생을 함께 지도, 지원하는 효과적인 시스템입니다.

▲ 진단보정시스템 내학생관리 화면

학생 진단 및 향상도 검사 실시하기

학생 가입과 매칭이 끝나면 교육청에서 공문으로 시행되는 기간에 맞춰 3월 초 진단검사, 진단검사에서 미도달한 학생을 대상으로 하는 기초 부진 진단인 3R's, 교과 부진 진단 학생을 대상으로 한 1차~3차 학력 향상도 검사를 시행할 수 있습니다. 진단 및 향상도 검사는 온라인, 오프라인으로 검사지를 배부할 수 있으며 학교나 학급의 상황에 맞춰 시행하는 교사가 적용할 수 있습니다.

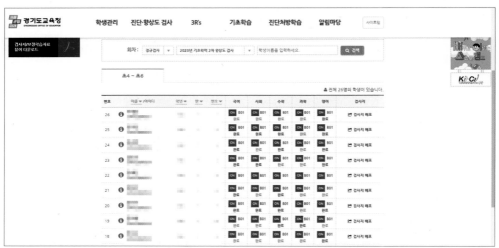

▲ 진단보정시스템 검사지 배포 화면

보정자료 늘품이 활용하기

오류 문항당 주어지는 보정자료인 늘품이는 PDF파일 형식으로 다운로드한 후, 출력하여 배포할 수도 있고, 배.이.스 캠프에서 온라인으로 개별 학생에게 배포하시고 지도하시는 방법도 있습니다. 진단 향상도 검사/ 보정학습 현황 탭을 누르시면 매칭 학생들의 각 교과 도달 결과 모습이 나타나며 전체 선택을 누른 후 '선택 학생 일괄 배포'를 선택하면 25문항 중 25문항을 맞춘 학생들을 제외하고 나머지 학생들은 오류를 범한 문항마다 개별 보정자료가 주어집니다. 진단보정시스템에서도 학생의 개별 맞춤형 과제를 제안할 수 있는 것입니다. 만약 미도달한 학생만 보정자료(늘품이)를 배포하고 싶으시다면 해당 학생의 네모 박스에 체크를 하신 후 '배포하기'를 누르시면 됩니다. 다음 '보정자료 목록'으로 들어가셔서 개별 학생에게 주어진 각 교과별 보정자료를 모아서 출력하실 수 있습니다.

▲ 보정자료 배포하기

보정자료로 학생을 꾸준히 지도하셨다면 1차~3차까지 학력향상도평가를 진행하실 수 있습니다. 가끔 진단검사에서 기준점수에 미도달로 판정된 학생이 1차 학력향상도평가에서 도달이 되었다면 2, 3차 향상도평가는 응시하지 않아도 되냐는 질문을 자주 받습니다.

답은, '그렇지 않다'입니다. 교육청에서 해마다 12월이 되면 부진 학생이 구제되었냐라고 공문을 통해 묻습니다. 이에 학교는 학교 교육과정의 효용성을 증명하듯 부진 학생이 모두 구제되었다는 결과를 제출하곤 합니다. 그러나 다음 해 3월, 진단검사를 거치고 나면 부진 학생들은 어김없이 다시 대량으로 나타납니다. 이를 방지하기 위하여 2, 3차 학력향상도평가까지 치를 수 있도록 안내하고 있습니다. 그리고 3차에 오류를 범하는 문항에 따른 보정자료인 늘품이를 배포하여 겨울방학 동안 이를 보충 학습하는 것입니다. 보충학습을 충분히 마친 후 이듬해 3월에 진단검사를 본다면 '12월에 사라졌던 부진학생들이 3월에 다시 통계에 잡히는 일'이 없어질 거라는 기대로 만들어진 것이 진단보정시스템입니다. 또한 앞서 설명드린 것처럼 2, 3차 학력 향상도의 출제 범위가 다르므로 1차 향상도 평가에 부진 학생이 통과했더라도 계속하여 늘품이로 보정학습을 하면서 올해 1, 2학기의 수업 개념을 다져나가는 형태로 보충학습을 진행하는 것이 좋습니다. 이는 일시적으로 부진을 해소시켜주는 것이 아니라 1년간 담임교사나 교과교사와 함께 학습 인지 능력을 키워나가 장기적으로 학생의 학습 전략을 도와주기 위함입니다.

❶번은 과목별로 오답을 보인 보정자료를 묶을 수 있는 탭입니다. 이 탭은 다음 소주제인 배·이·스 캠프에서 부진 학생이나 일반 학생에게 필요한 보충학습 주제를 보낼 수 있는 근거가 됩니다. ❷번은 학생이 해결한 문제이지만 보충이 필요하다고 판단되는 늘품이 보정자료를 추가로 더할 수 있는 탭입니다. ❸번은 해당 학생의 보정자료를 교과별 한 묶음으로 묶을 수 있는 기능과 PDF형태의 자료 파일을 오프라인으로 저장할 수 있는 기능을 가지고 있습니다. 가정 과제로 주시거나 방과 후 교실에 남아서 해결할 경우, 온라인보다 오프라인 상태에 집중이 더 잘되는 학생들이나 각 문제마다 풀이 과정과 계산 흔적이 있어서 오류를 범하는 과정 확인이 필요한 학생들에게 유용합니다.

▲ 보정자료 배포 후 과목별 모음

기초학력 지도에서의 활용

진단보정시스템의 장점은 크게 세 가지로 볼 수 있습니다. 그 중 첫째는 난이도는 같지만 이형의 문제로 진단지를 많게는 4번에 걸쳐 제작하여 제공한다는 점입니다. 예를 들어 3월 진단검사에서 수학이 미도달인 학생이 1차, 2차, 3차까지 미도달이 되는 경우가 있습니다. 이 때 진단검사 때 수학 검사지와 똑같은 난이도지만 문제가 다른 수학 검사지가 1차에 A01형, 2차에 A02형, 3차엔 A03형으로 제공됩니다. 학습 부진인 학생들은 반복 학습을 싫어하므로 한번 본 문제는 두 번 풀기 싫어하는 특성이 있습니다. 이 학생들에게 같은 문제를 4번 풀게 하는 건 비효과적일 것입니다. 그러므로 난이도는 같지만 이형의 문제를 제공하는 진단보정시스템은 무척 매력적입니다. 두 번째의 장점은 학생이 검사에서 범한 오류 문항마다 보정자료 늘품이가 자동으로 취합된 다는 점입니다. 각 보정학습 주제마다 5~6쪽의 보정자료에 1쪽은 개념 익히기, 2~6쪽은 문항으로 구성되어 교사가 보충 지도 자료로 수업하기에 적당한 양과 난이도를 가지고 있습니다. 저자는 현재 담임하는 학년의 교과서 단원이 끝날 때마다 단원 정리용으로 보정자료의 학습 주제를 활용하기도 합니다. 세 번째로는 개별 학생마다 각 검사에 임한 결과가 그래프화되어 누적결과로 나타난다는 점입니다. 이는 학생에게 학습에 임하기 더 좋은 동기 유발이 되기도 합니다. 또한 학생의 개별 검사 결과지를 분석하여 보면 각 과목별로 도달과 미도달 기준 점수의 언저리에 있는 학생들을 부진이 예견되는 학생으로 분리하여 부진이 되고 난 후 처방을 하는 것보다 부진 예방 측면에서 지도가 가능하며 학급 평균을 교과 영역별로 도출하면 올해 우리 반 수업 계획의 방향을 난이도나 중점으로 다뤄야 할 과목별 영역까지 구체적으로 세울 수 있습니다.

교과별 검사결과

* 나의 점수 : 학생이 취득한 점수
* 기준 점수 : 기본적인 교과학습능력 도달여부를 판단하기 위한 점수

⟨ 이전 | 다음 ⟩

과목	내용영역	문항수	도달 기준점수	나의 점수	도달 여부
국어	읽기	6	2	5	도달
	문법	3	2	3	도달
	듣기, 말하기	4	3	4	도달
	문학	6	4	5	도달
	쓰기	6	4	6	도달
	합계	25	15	23	
사회	일반사회	6	4	3	재도전
	역사	9	6	6	도달
	지리	10	6	7	도달
	합계	25	16	16	
수학	도형	4	2	1	재도전
	측정	4	3	3	도달
	규칙성,자료와 가능성	5	3	4	도달
	수와 연산	12	6	7	도달
	합계	25	14	15	
과학	운동과 에너지	6	4	5	도달
	지구와 우주	6	4	6	도달
	물질	7	4	6	도달
	생명	6	4	5	도달
	합계	25	16	22	
영어	쓰기,읽기	4	2	4	도달
	듣기	21	12	17	도달
	합계	25	14	21	

▲ 진단보정시스템 교과별 검사 결과 샘플

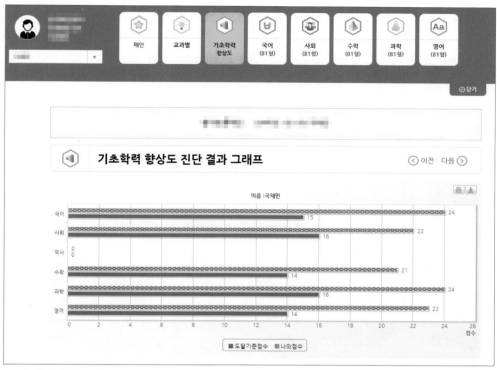

▲ 기초학력 향상도 진단 결과 그래프

❝ 교사의 TIP

2023년부터 초등 2학년 3R's가 사전, 사후 검사로 추가되어 1학년을 제외한 모든 학년이 진단검사를 할 수 있도록 업그레이드되었습니다.

배.이.스 캠프(배우고 이루는 스스로 캠프)

교육부는 팬데믹을 맞이하자 온라인으로 개별맞춤형 지도를 할 수 있는 에듀테크가 필요하여 급한 일정에 맞춰 충남대측정연구소에 진단보정시스템의 늘품이 자료를 온라인으로 배포하고 학생이 어느 곳에서나 배포된 학습주제를 해결할 수 있는 기능을 가진 에듀테크를 추가로 요청하였고 그에 따라 탄생한 것이 이른바 배.이.스 캠프입니다.

▲ 진단보정시스템 내 배이스캠프 위치

이곳에는 초등 1학년부터 고1까지 활용할 수 있는 늘품이 자료가 학년별 교과 단원 순서로 학습 주제라는 형태로 올라와 있고 현직 교사가 보충 설명하는 동영상까지 탑재되어 있습니다. 학년을 가리지 않고 지도교사가 부진 학생이나 일반 학생의 결손된 학습을 보충하기 위하여 언제든지 사용할 수 있습니다.

진단보정시스템에서 ①번의 배.이.스 캠프로 이동할 수 있는 탭이 보입니다. 그 아래 KC-CU사이트는 국가기초학력지원센터로 바뀌어 이동됩니다. ②번은 초등1~3학년까지 이용할 수 있는 국어, 수학, 영어 학습 탭입니다. 국어와 수학은 상호 작용 콘텐츠로 세로형 게임식이며 신나는 BGM까지 제공되어 학생들이 지루하지 않게 학습할 수 있습니다. 특히 별도의 로그인 과정 없이 사용할 수 있으므로 수업 중 자투리 시간에 유용하게 활용할 수 있습니다. 아주 기초적인 자음, 모음, 한 자릿수 모으기, 가르기부터 제공되기 때문에 한글 미해득 학생이나 구체물로 수 세기가 불가능한 학생들부터 사용 가능합니다. 영어는 초등학교 3학년에 가능한 영어 진단자료가 있습니다.

기본기능 익히기

배.이.스 캠프는 진단보정시스템과 별도로 관리되기 때문에 교사도 별도의 회원가입이 필요합니다. 특히 국가기초학력지원센터에 가입하시기 전, 먼저 배.이.스 캠프에 가입하셔서 지원센터 가입하실 때 배.이.스 캠프의 아이디와 비밀번호를 넣으시면 배.이.스 캠프의 자료까지 모두 연동하여 사용하실 수 있는 장점이 있다는 점을 거듭 말씀드립니다.

▲ 배이스 캠프 첫화면

학생이 스스로 가입하기 전, 선생님이 먼저 가입하시면 복잡한 절차 없이 바로 우리 반 공부방을 개설할 수 있습니다. 공부방 개설에 관해서는 첫 화면 공지사항에 동영상으로 설명이 친절하게 업로드되어 있어 참고하여 쉽게 만드실 수 있습니다.

▲ 공부방 개설 화면

회원가입 탭과 공부방을 만드실 수 있는 방법을 알려드리는 공지사항은 붉은 색 네모박스로 표시하였습니다. 회원가입 후 로그인을 하시면 위 메뉴바에서 공부방을 클릭하시기 바랍니다. 그럼 공부방 생성 버튼이 나오고 공지사항에 올라와 있는 방법대로 공부방을 개설하실 수 있습니다. 교과 선생님들은 교과별로 공부방을 만드셔서 별도로 관리하셔도 됩니다. 학생들은 몇 개의 공부방이든 가입을 중복으로 할 수 있기 때문에 중등도 충분히 교과별로 만드시고 학생들을 관리하실 수 있습니다.

가정에서 활용하는 배.이.스 캠프

배.이.스 캠프 사이트에서는 학부모 역시 자녀의 학습 이력을 볼 수 있으므로 가정학습과의 연계가 용이합니다. 교사, 학생, 학부모 모두 닉네임 설정이 가능한데 이 때 닉네임은 학생은 이름으로, 학부모는 'OO이의 보호자'라고 하여 교사가 승인하기 쉽도록 설정 규칙을 정해주시면 더 편리합니다. 비밀번호나 아이디에 영어+숫자만 가능하기 때문에 아이디는 학생의 이름을 영어로, 숫자는 출석번호로 하며 비밀번호도 똑같이 설정하게 하시면 쉽게 잊어버리지 않고 공부방에 들어올 수 있습니다. 이 때 교사는 생성하신 공부방의 이름이나 선생님 이름으로 검색하도록 학생에게 알려주시고 승인을 요청하도록 해주시면 됩니다. 선생님께서는 승인을 요청한 학생이나 학부모가 우리 반이 맞는지 확인하시고 승인이나 거절 등을 하실 수 있습니다. 또한 혹시 이전 가입한 정보를 잊어버려 다시 재가입한 학생이 있다면 먼저 가입했던 닉네임을 '내보내기' 하실 수도 있습니다.

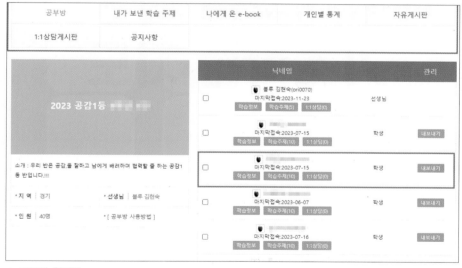

▲ 공부방 첫화면

> **❝ 교사의 TIP**
>
> 학생들은 일괄 아이디가 아니라 개인으로 아이디와 비밀번호를 만들어 가입하되, 배.이.스 캠프 사이트는 충남대 측정연구소에서 회원 정보를 보관하지 않아 한번 잊어버리면 계속 새로 만들어야 하고, 앞서 가입한 정보로 학습했던 이력이 모두 삭제되므로 자신의 아이디와 비밀번호를 꼭 별도로 기록하여 보관하도록 지도하시기 바랍니다.

제6장

에듀테크를 활용한 기초학습 지도

에듀테크는 그 자체로 학생들을 끌어들이는 매력이 있습니다. 같은 내용을 학습하더라도 에듀테크를 활용할 때에 조금더 관심과 의지를 보이곤 합니다. 이번 장에서는 에듀테크를 활용해 기초학습 지도를 했던 경험을 공유해보려 합니다.

똑똑수학탐험대로 배우는 즐거운 수학 보충수업

기초학력이 부족한 학생들을 지도하는 데에 있어서 가장 큰 장애물은 아무래도 '학생의 의지 부족'입니다. 누구나 자신이 잘하는 것을 즐거워하고 자주 찾습니다. 하지만 기초학력이 부족한 학생들에게 공부는 완전히 자신이 잘하는 것과 정반대의 대상입니다. 접할 때마다 머리 아프고 괴롭기만하니 공부는 늘 피하고 싶은 대상입니다. 공부의 필요성에 대해 어렴풋이 공감하고 있는 것과는 별개로 말입니다. 학생들을 지도하기 위해 옆에 앉혀보면 '나 여기 끌려왔어요'라는 표정으로 설명을 듣곤 합니다. 억지로 배우는 학생이나 억지로 붙잡고 있는 교사나 참 고된 일이 아닐 수 없습니다.

학생의 의욕을 고취시키기 위한 방법을 찾던 도중, '똑똑 수학탐험대'를 활용해보기로 하였습니다. 한국학술교육정보원(KERIS)에서 만든 수학교육 어플리케이션으로, 앱(App)뿐만 아니라 웹(Web)에서도 원활하게 돌아가는 프로그램이었기에 교실의 크롬북(스마트기기)으로 원활하게 실행할 수 있었습니다. 그리고 무엇보다 '무료'로 이용가능하다는 것이 큰 장점이었습니다.

마음의 문을 열다

▲ 똑똑 수학탐험대 홈 화면

똑똑 수학탐험대는 현재 1~4학년 학습을 지원하고 있습니다. 그러나 학년에 관계없이 현재 우리 교실 6학년 학생은 3학년 수준의 학습도 어려워하고 있었습니다. 그래서 학년차이가 많이 났지만 큰 고민없이 제안할 수 있었습니다. 하지만 1~4학년 학생들을 대상으로 이용되고 있는 만큼, UI와 UX가 학생에게는 다소 유치하게 느껴져 자존심이 상할까 조금은 걱정도 되었습니다. 그러나 그 걱정은 기우였습니다. 종이 학습지, 교과서 등을 접할 때와는 사뭇 다른 모습에 놀랄 수밖에 없었습니다. 학생은 무척 흥미로워하고 있었습니다. 따로 설명해주지 않아도 게임기를 처음 산 어린아이처럼 눈빛을 반짝이며 프로그램을 익혀 나갔습니다. 학생도 당연히 알고 있습니다. 눈앞의 이 프로그램은 수학공부를 위한 프로그램이라는 것을. 그러나 비행기 놀이하며 날아온 이유식에 아이가 입을 여는 것처럼, 이 학생 역시 게이미피케이션 요소로 포장된 수학공부에 마음의 문을 열게 되었습니다. 동물을 구출한다는 스토리텔링, 구출한 동물들을 수집하고 강화시킨다는 동기부여, 즉각적인 피드백, 귀여운 그림과 애니메이션 효과 등은 성공적으로 학생의 흥미를 끌었고, 수학공부 이야기를 부담없이 시작할 수 있었습니다.

학습수준을 진단하고 공동의 목표 설정하기

똑똑 수학탐험대는 방과후 교과보충 시간에 활용하였습니다. 첫 번째 시간에는 진단평가로 학생의 수준을 진단하였습니다. 4학년 수준의 진단평가는 1~5차까지 준비되어 있습니다. 교사용 화면에서는 다섯 개의 평가가 모두 보이지만, 학생용 화면에서는 1개씩만 보입니다. 1차 진단평가를 마치면 1차 평가는 사라지고 2차 평가만 남습니다. 학생과는 4학년 수준의 1차 진단평가를 진행해보았습니다. 평가 결과 6-1-2의 표와 같이 덧셈과 뺄셈, 분수와 소수, 길이재기, 시각과 시간을 포함하여 나눗셈, 표와 그래프의 영역이 부족하다는 진단을 받았습니다.

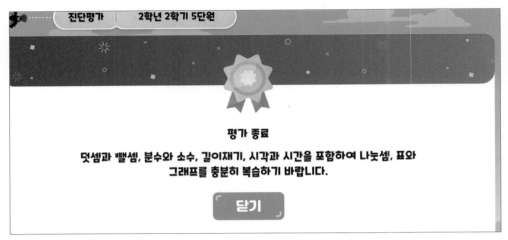

▲ 진단평가 결과화면

　부족한 영역을 죽 늘어놓은 진단 결과에 학생은 실망한 기색이 역력했습니다. 이 순간이 학생을 다독여야할 때라고 생각하여 "내가 어느 것이 부족한지 모르는 것보다 부족한 부분을 명확하게 아는 것이 훨씬 낫다. 우리가 발견한 것만 하나하나 해결해보아도 훨씬 더 멋진 사람이 되는 거야."라고 격려하며 함께 학습 계획을 세워보기로 하였습니다.

주	단원	학습 확인
1	1단원. 덧셈과 뺄셈	
2	6단원. 분수와 소수	
3	5단원. 길이와 시간	똑똑 수학탐험대 단원평가 70% 이상 맞추기
4	3단원. 나눗셈	
5	6단원. 자료의 정리	
6	4학년 2차 진단평가	부족한 단원 없애기

　4학년 진단평가에서 부족한 부분을 진단하였으니 똑똑 수학탐험대의 3학년 교과활동을 학습하기로 하였습니다. 일부 영역에서 부족한 부분이 나타났으면 딱 집어서 진행했겠지만 총체적으로 부진을 발견하였기에 3학년 1학기 단원의 처음부터 함께 학습

하기로 하였습니다. 더불어 학생과는 한 가지 약속을 했습니다. 다시 똑똑 수학탐험대의 4학년 진단평가를 다시 보았을 때에 부족한 부분이 없다고 나올 경우 더 이상 교과보충을 하지 않아도 괜찮다는 약속이었습니다. 학생은 의지를 불태우며 열심히 해보겠다고 각오를 다졌습니다.

학생의 성장과정 함께 모니터링하기

시작할 때의 의지도 중요하지만 학생이 꾸준히 똑똑 수학탐험대를 할 수 있기를 바랐습니다. 누적된 학습 부진으로 쉽게 의욕이 꺾일지도 모른다는 점이 가장 걱정되었습니다. 문제를 맞추는 경우보다 틀리는 경우가 많을 것이기 때문입니다. '오답'이라는 부정적인 피드백을 계속해서 접하는 것이 학생의 마음을 쉽게 멍들게 할 것 같았습니다. 잠깐 타올랐던 열정마저 쉬이 꺼질까봐 걱정하였습니다.

학생을 앉혀놓고 똑똑 수학탐험대를 통해서 얻을 수 있는 귀여운 동물카드들을 먼저 보여주었습니다. 함께 똑똑 수학탐험대의 문제를 풀며 멸종위기의 동물들을 구출하고, 구해낸 동물을 강화할 수 있다는 재미를 체험했습니다. 6학년 학생이지만 유치하다고 생각하지 않고 '오...'하며 흥미로워하는 반응을 보였습니다. 마음이 열렸다는 신호로 생각하고 학습 동기에 대해 이야기했습니다. "○○이의 부족한 부분을 해결하기 위해서 억지로 공부하는 것이 아니라 그냥 카드 모으고 강화하는 맛으로 공부해보는 건 어떨까?" 공부할 때엔 다소 냉소적이고 의기소침하던 학생이지만 알겠다고 답해주어 마음이 놓였습니다. 그리고 학생은 실제로 카드를 모으며 꾸준히 공부를 해나갔습니다.

▲ 동물카드 사진

　카드를 모을 수 있는 구출탐험은 2학년 1학기 1단원 1차시부터 시작합니다. 수모형을 통해 '몇 백 알아보기' 활동입니다. 고학년에게는 무척 쉬운 활동이지만 오히려 학습 부진을 오래 겪어온 이 학생에게는 작은 성취감을 반복해서 얻을 수 있는 소중한 시간이었습니다. 이때는 학부모의 협조도 중요했습니다. 많은 가정에서는 학생들이 태블릿이나 핸드폰을 잡고 있다면 놀고 있는 것으로 생각하여 학생을 혼내거나 스마트기기 사용을 금지하는 경우가 있습니다. 물론, 학생이 몰래 게임을 하는 경우가 있겠지만 스마트기기로 공부하겠다고 이야기 할 때에 학생을 믿고 지지해주어야 학생이 정서적으로 안정될 수 있습니다.

　목표했던 3학년 단원에 도달했을 때부터는 단원평가를 실시했습니다. [똑똑 수학 탐험대] – [탐험시작] – [평가]에 들어가면 단원별로 단원평가를 볼 수 있습니다. 단원평가는 10개 남짓의 문제가 나오는데 4개 이상 틀릴 경우에는 [교과 활동]에서 해당 단원의 차시들을 학습하도록 지도하였습니다. 동물을 구하는 [구출탐험]을 통해 학생의 진도를 파악하고, 진도에 따른 단원평가를 통해서 학생의 학습 수준을 파악할 수 있었습니다. 더불어 [활동현황]에서는 [교과활동]과 [구출활동]에서의 학생의 단원별 성취도를 시각화하여 막대그래프로 표현해주어 학생과 함께 현재 학습 상태에 대해 의논하기 수월하였습니다.

성장 결과 확인하기

처음에 함께 목표로 정했던 기간은 6주였지만 결국 3개월 정도 소요되어 남은 학기를 다 채우게 되었습니다. 부족한 단원을 콕 집어 공부했다면 더 적은 시간이 걸렸겠지만, 학생이 천천히 학습하기를 기다리는 것이 좋겠다고 판단하였기 때문입니다.

성장 결과는 4학년 1차 학력향상도 평가를 통해서 확인하기로 하였습니다. 학생은 긴장한 모습으로 진단 평가를 보았습니다. 지난 진단 평가에서는 5개 영역에서 학습 부진이 진단되었다면 이번 1차 학력향상도 평가에서는 나눗셈 1개의 영역만을 볼 수 있었다. 목표한 만큼의 결과는 아니었지만 노력의 결실이 있는 것 같아 교사로서 보람을 느끼는 순간이었습니다. 물론 학생도 마찬가지였습니다. 여전히 같은 반 학생들처럼 4학년 수준의 수학을 능수능란하게 해내지는 못하지만 본인 스스로도 많이 성장했음을 알고 행복해했습니다. 누적된 학습 부진으로 힘들어하던 학생이 학습 부진 밖으로 한 발짝 나올 수 있었던 것은 학생의 학습 의욕을 지속하고 학습 수준을 꾸준히 모니터링 할 수 있도록 만들어준 똑똑 수학탐험대 덕분이었습니다.

AI 펭톡으로 배우는 즐거운 영어 기초학습(영어교과학습)지도

영어 기초학력 교육 지원 활동에서는 언어가 가지는 특징을 먼저 살펴봐야 합니다. 자체적인 학생들의 설문 조사결과 영어에 관심이 없는 이유로 '재미가 없다'라는 항목이 가장 많았습니다. 기초학력이 부족한 학생들의 경우에는 한글마저도 익숙하지 않은 상태에서 영어라는 새로운 언어를 학습하기에 부담이 되는 것이 사실입니다. 또한 사교육이 가장 필요한 교과가 영어이기도 합니다. 학습부진학생들의 가정환경을 보면 일반 학생들보다 부모님의 지지가 약하거나 경제적인 여건이 풍족하지 못하여 학원에 가서 영어를 접하기도 가능성이 좀 뒤처집니다.

3월, 진단보정시스템으로 5개 과목을 진단하여 보면 영어 교과는 학원을 다녔느냐, 다니지 못했느냐에 따라 확연히 성적이 구분되는 과목입니다.

하지만 언어라는 특성상 한글을 못 한다고 하여서 영어를 못하리란 법은 없습니다. 새로운 언어를 맞이하는 부분에 있어서는 장벽이 없기 때문입니다. 따라서 영어 학습에 에듀테크를 활용한 게이미피케이션을 도입한다면 이러한 단점을 극복하고 새로운 도전 의식을 불어 넣기에 좋은 기회가 될 것입니다. 그렇기 때문에 영어 교과를 처음 접하는 3학년 초부터 사용하면 영어교육의 효과를 더욱 더 배가시킬 수 있는 에듀테크이기도 합니다.

이러한 에듀게이미피케이션 활동을 통해 학생들에게 부족한 재미라는 동기 유발을 시켜줌으로써 일회성이 아닌 지속적인 학습이 이루어질 수 있도록 지원할 수 있습니다.

AI펭톡은 EBS의 인기 캐릭터인 펭수를 활용하여 만든 영어 학습 프로그램입니다. EBS에서 제작하여 무료로 배포하고 있으며, 애플리케이션뿐만 아니라 웹에서도 활용이 가능한 좋은 프로그램입니다.

특히, 교육부 고시 교과 핵심 성취기준에 맞춘 학습 활동을 지원하고 있기 때문에 학생들의 필수 학습을 함께 병행할 수 있는 점도 우수한 점입니다.

매력적인 캐릭터가 만드는 학습동기

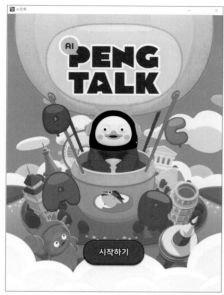

▲ AI펭톡 메인 화면

AI펭톡은 3학년 기초 영어부터 지원하기 때문에 영어를 시작하는 학생이라면 학년에 상관없이 활용할 수 있으며, 특히 고학년 영어 교과 지원이 필요한 학생이라면 3학년 기초영어부터 수준에 맞게 활용할 수 있기 때문에 쉽고 편하게 학생들에게 제공할 수 있었습니다. 또 어른들도 좋아하는 펭수라는 캐릭터의 매력 때문에 고학년의 학생들도 매우 좋아하는 모습을 볼 수 있었습니다.

직관적이고 쉬운 UI를 탑재하고 있어 간단한 미션을 해결하면서 프로그램을 익혀 나가는 모습을 보면서 역시 학생들은 자신이 좋아하는 것이라면 자율적이고 적극적으로 참여를 한다는 사실을 새삼스럽게 확인할 수 있었습니다.

AI펭톡 익히고 각자의 목표 설정하기

▲ AI펭톡 메인 화면

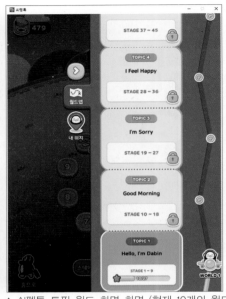

▲ AI펭톡 토픽 월드 화면 화면 (현재 10개의 월드 200개의 토픽이있다)

AI펭톡은 무학년제로 3학년 영어 교과 도입 시점부터 프로그램이 시작하기 때문에 영어 기초학력 교육 지원 학생에게 매우 반가운 프로그램입니다. 4학년을 대상으로 수업을 진행해 본 결과 기초학력 교육 지원 학생 뿐만이 아니라 영어 교과 학습 지원 대상 학생들도 3학년 과정부터 다시 시작한다는 마음에 부담없이 반기는 기색이었습니다.

교실에서 수업을 할 때, 학습이 우수한 학생들에게는 토픽월드 달성이라는 미션과 더불어 과업 수행시마다 주어지는 보상(참치캔)을 통해 자신만의 펭수를 꾸며 볼 수 있도록 안내를 하여 개개인마다 자신의 목표를 설정하도록 하였습니다. 학생들 저마다 개개인의 목표를 정하는 것은 기초학력이나 현재 교육과정에서 가장 핵심적으로 추구하는 근본적인 목적이기도 합니다. 목표는 최소한 학습한 단원까지 설정하도록 사전 안내를 하였습니다.

주의할 점은 학교에서 선택한 교과서와는 단원이 다름으로 학생들이 선행학습을 할 수 있다는 점이었습니다. 하지만, 실제 수업을 해본 결과 오히려 선행학습이 아닌 예습모형에 가까운 결과를 보여주었습니다.

수업에 더 몰입하는 모습을 보여주었고, 단어나 어휘에 대한 학습의 결과도 훌륭했습니다. 영어라는 언어 교과의 특성상 이미 어학연수를 다녀온 학생들도 있었고, 다문화 학생으로 영어를 구사하는 학생도 있었기 때문에 해당 내용은 교사의 짧은 기우에 지나지 않았습니다. 오히려 어려운 내용을 학습한다는 성취감에 기초학력교육 지원 대상 학생보다 만족도가 더 높게 나타났습니다.

학생의 성장과정 함께 모니터링하기

▲ AI펭톡 꾸미기 화면

학생들의 참여도는 교사의 생각보다 매우 높았습니다. 처음 한두번만 하고 하지 않을 줄 알고 수시로 학생들과 함께 몇 단계까지 성취했는지, 어떻게 펭수를 꾸몄는지 확인하였는데 이런 모니터링과 피드백이 필요하지 않을 만큼 학생들의 참여도는 매우 높았습니다. 오히려 교사에게 먼저 다가와 자신의 성취도를 자랑하는 상황이었습니다.

하지만 기초학력 교육 지원 대상 학생의 성취는 타 학생들에 비해 늦을 수 밖에 없는 것이 현실이었고, 이 학생들의 의지가 떨어

지지 않도록 방과후 교과학습보충 지도로 AI펭톡을 사용하였으며, 학생들에게 토픽

월드의 순위 보다는 천천히 차근차근 보상(참치캔)을 모아 자신만의 개성있는 펭수를 만들어 보도록 유도하였습니다.

이에 자극을 받은 대상학생은 더 이상 동요하지 않고 아이템을 수집하여 자신만의 펭수를 꾸미는데 목표를 두고 학습을 계속해 나가기 시작하였습니다.

스피킹

▲ AI펭톡 토픽 월드 화면 화면(현재 10개의 월드 200개의 토픽이있다)

AI펭톡이라는 이름답게 대화를 듣고 마이크를 활용하여 대화를 할 수 있는 기능입니다. 정답이든 아니든 학생들은 자신의 말을 프로그램이 알아듣고 반응한다는 것에 큰 놀라움을 보였습니다. 특히 사전 대화를 보여주기 때문에 기초학력 교육 지원 대상 학생들은 천천히 차근차근 말하기 학습을 할 수 있었습니다. 말하기에 자신이 붙은 학생들의 성취는 몰라볼 정도로 좋아졌습니다. 평소 한마디도 못하던 학생이 AI펭톡과 대화를 하는 모습을 보면서 에듀테크의 장점을 다시 한번 느낄 수 있었습니다. 아마도 선생님 앞에서는 부담스럽지만 크롬북과 대화하는 것은 부끄럽거나 부담스럽지 않았던 모양이었습니다.

스캔잇

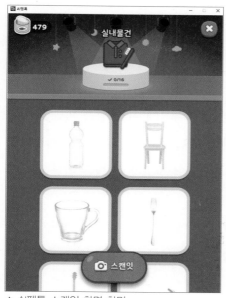

▲ AI펭톡 스캔잇 화면 화면

스캣잇은 일종의 카드를 모을 수 있는 시스템입니다. 일상 생활에 있는 각종 사물들을 사진 기능을 통해 찍어서 모을 수 있는 기능을 탑재하고 있습니다. 방과후 학생과 수업을 하다가 컵, 의자 등을 찍어보고 학습였습니다. 학생이 이에 재미를 느끼고 가정에 돌아가 학습활동을 해 오는 모습을 보면서 뿌듯함을 느낄 수 있었습니다. 소소하지만 스캔잇을 통해 사물을 찍어 카드를 모을 수 있는 기능은 학생들에게 동기부여를 제대로 할 수 있습니다.

성장 결과 확인하기

학생 각자가 자신의 목표를 성취했는지 성장 결과를 학기말에 확인하였습니다. 대부분 자신의 목표를 성취하였습니다. 학생들이 자신이 정한 목표를 스스로 확인하는 과정은 학습전략 중 목표설정이라는 전략에도 해당 되는 효과적이고 중요한 활동입니다. 성취감이나 자기만족감, 실패한 원인을 다시 생각해보게 하는 힘은 학습을 더욱 견고하게 만드는 자기 성찰 과정, 즉 메타인지전략이기도 합니다. 그 중 기초학력교육 지원 대상 학생들의 성취 결과가 궁금하였는데 목표했던 것보다 더 많은 활동을 기록하였습니다.

2학기 수행평가 결과가 인상적이었는데 듣기, 읽기에서는 매우잘함을 말하기와 쓰기에서는 잘함으로 성장하는 모습을 보여주었습니다. 학생도 자신감을 얻고 뿌듯해하며 행복한 모습을 보여주었고 이를 보는 교사도 큰 보람을 느낄 수 있었습니다.

무료로 이렇게 큰 효과를 볼 수 있다는 점과 EBS와 연동하여 활용할 수 있다는 점, 그리고 초등 영어 교과의 핵심 성취기준에 기반을 둔 영어 학습을 펭수 캐릭터와 연계하여 게이미피케이션으로 활동하면서 교과 학습은 물론이고 기초학력교육 지원 대상 학생에게까지 효과를 볼수 있다는 점에서 AI펭톡 에듀테크를 강력하게 추천하고 싶습니다.

모두가 참여하는 라포라포 방탈출 게임

학습부진을 겪고있는 학생이라고 해서 친구들에게 도움이 되고싶은 마음이 없는 것은 아닙니다. 자신이 잘 모르니 모둠활동에서 조용한 모습을 보일 뿐 자신의 역할과 수행가능한 범위의 과제가 주어진다면 적극적으로 행동할 학생들이 많이 있습니다. 중요한 것은 교사가 그 기회를 만들어주는 것입니다.

학습의욕을 잃고 무기력해진 학생

A학생은 전학 온지 얼마 안되어 매사에 의욕이 넘치던 학생이었습니다. 수업시간에 늘 손을 열심히 들고 활동에도 적극적으로 참여하곤 했습니다. 그런데 문제는 이 학생이 외치는 답들이 대체로 오답이었다는 점입니다. 특히 국어 교과에서 기초학력 지원이 필요한 학생이었습니다. 글의 맥락을 파악하는 것을 어려워했던 학생이기에 질문의 의도를 쉬이 놓치곤 했습니다. 그럼에도 불구하고 선생님의 질문에 열심히 대답하였으며 발표 역시 굉장히 열심히 했습니다. 그러나 교사의 입장에서 A학생에게만 발표기회를 줄 순 없습니다. A학생 외에도 발표하고 싶어 손을 든 학생이 있으면 골고루 기회를 주어야 합니다.

문제는 경쟁형 모둠활동을 할 때입니다. A학생이 오답을 이야기하고 나면 발표 기회는 다른 모둠의 학생에게로 넘어가야 했습니다. 처음에는 괜찮다고 말해주던 같은 모둠 학생들도 점차 A학생이 거침없이 오답을 외치는 모습을 불편해하기 시작했습니다. 친구들의 불편한 기색이 표현되고 점점 노골적으로 나타날수록 A학생은 점점 손을 드는 횟수가 줄어들었고, 어느덧 전혀 발표하지 않는 학생이 되어있었습니다. 이러한 무기력한 태도는 학습측면 뿐만 아니라 생활측면까지 전이되어 크고작은 트러블로 이어지기도 했습니다.

교사로서 참 안타까운 마음이 들었습니다. 관심받고자 하는 숨은 목적이 있었을지라도 어쨌든 공부하고자 하는 열의를 보여준 학생이었으니 말입니다. 풀이 죽은 A학생을 보며 학생의 학습 동기를 유발하고 교실에 활력을 불어넣을만한 활동이 무엇이 있을지 찾아보았습니다. 그러다 만난 에듀테크가 바로 '라포라포'입니다.

▲ 도서관에 꼭꼭 숨겨놓은 QR코드

자신이 기여할 수 있는 부분을 발견하다

'자신이 기여할 부분을 발견한다'라는 의미에서 '라포라포'는 A학생에게 무척 의미있는 프로그램이었습니다. 어떤 게임이든 게임이라는 상황은 기초 연산과 같은 단순한 계산이 아닌 무척 복합적인 상황입니다. 스토리텔링, 목적, 과제, 문제해결 위한 효율적인 방법, 동료와의 협력 등을 복합적으로 고려해야 합니다. 라포라포 방탈출 게임도 마찬가지입니다. 다른 친구들보다 먼저 그리고 더 많이 숨겨진 QR코드를 찾고 풀어야 합니다. QR코드 앞에 친구들이 몰려있어 복잡한 곳 보다는 붐비지 않은 한적한 장소를 먼저 찾아내는 것도 중요합니다. 라포라포의 '추론 문제'는 학생들의 창의적 사고력과 논리적인 추론능력이 필요한 문제들인데, 이런 문제들을 풀 때엔 자유로운 의견을 이야기 할 수 있는 분위기와 팀워크 역시 승부에 영향을 미치곤 합니다.

▲ 라포라포 추론문제를 협력하여 푸는 모습

평소와 같은 국어, 사회, 과학 시간이었다면 A학생은 시큰둥 했을 것입니다. 그러나 '방탈출 게임'이라는 멋진 포장 앞에 눈빛이 달라졌습니다. QR코드가 어디있는지 누구보다 빠르게 조사하여 위치를 알려주기도 하고, 몰래 엿듣고 와서는 답을 팀원에게 답을 알려주기도 했습니다. 팀원들이 헷갈리는 문제에 대해서는 "어? 나 이거 기억나는데?"라며 답을 이야기 하였습니다. 물론 답이 아닌 경우도 있었지만 틀리더라도 다시 풀면 되기 때문에 팀원들은 개의치 않았습니다. A학생이 말해준 정답에 고마워하였고 A학생은 자신이 친구들에게 도움이 되었음에 무척 뿌듯해 하였습니다. 한편 뿌듯한 사람이 한 명 더 있었습니다. 바로 라포라포 방탈출 게임을 기획한 교사였습니다. 왜냐하면 A학생은 자기도 모르는 사이에 수업 내용을 여러 차례 떠올렸으며 문제를 풀기 위해서 교과서를 세 번이나 꺼내보았기 때문입니다. 학생은 의식하지 못했지만 게임에 참여하는 과정에서 학습 내용을 여러 차례 복습 할 수 있었습니다. 이렇게 라포라포를 통한 게이미피케이션 활동은 학습의욕이 적은 학생들을 수업에 참여시키면서도 학습내용을 여러 차례 반복하며 익히게 할 수 있습니다. 기초학습적인 훈련이 필요한 학생에게는 매우 효과적인 전략이 될 수 있습니다.

배려가 싹트는 게임활동

라포라포 게임을 무학년으로 운영한 적이 있습니다. 무학년이란 일부 학년을 대상으로 이루어지는 교육활동이 아니라 특정 목에 따라 여러 학년을 섞어서 운영하는 것을 말합니다. 저자가 근무했던 학교에서는 병설 유치원의 학생부터 초등 6학년 학생까지를 무학년제로 한 모둠으로 하여 '추석 세시풍속 계기교육'을 주제로 라포라포 방탈출 활동을 진행하였습니다. 이 때 중요하게 생각했던 부분이 학년간의 라포형성인 만큼 활동중에 일부 고학년 학생들에게 큰 비중이 실리는 것을 경계하였습니다. 그래서 모둠 안에서 가장 어린 학년에게 태블릿을 주고 QR코드를 인식할 수 있도록 하였습니다.

▲ 무학년제로 운영한 라포라포 게임. 가장 어린 유치원 학생이 태블릿을 쥐고 있다.

그러자 동학년 학생들과 게임 할 때와는 사뭇 다른 모습을 볼 수 있었습니다. 경쟁적인 모습은 많이 사라졌고, 고학년 주도하에 가장 어린 학생들도 활동에 참여할 수 있도록 지원해주는 분위기가 만들어졌습니다. 고학년은 직접 문제의 정답을 알려줄 수 있었음에도 불구하고 저학년 학생들이 스스로 생각해 볼 수 있게 힌트를 주곤 했습니다. 그리고 문제를 맞출 경우에는 잘했다며 칭찬해 주고 어린 친구들을 독려하였습니다. 어린 동생들은 선배들의 말을 존중하고 경청하며 따랐습니다. 게임 속에는 분명

경쟁적인 요소가 있기는 했지만 그보다는 돌봄과 배려 그리고 존중이 있었습니다.

A학생도 마찬가지였습니다. 자신이 이 게임 안에서 기여할 수 있는 부분을 파악하고는 바로 움직이기 시작했습니다. 팀장의 역할을 맡아 어린 학생들이 함께 게임에 참여할 수 있도록 도와주었습니다. QR코드를 촬영하는 방법, 문제의 정답을 입력하는 방법, QR코드들의 위치 등을 친절하게 알려주었고 잘 따라온 유치원 학생을 크게 칭찬해주며 팀을 이끌었습니다. 게임이 끝났을 때 A학생의 팀이 우승했던 것은 아니었습니다. 그러나 A학생의 얼굴에는 뿌듯함에서 우러나오는 미소가 가득했습니다.

A학생에게는 라포라포 게임시간이 정말 유익한 시간이었습니다. 어쩔 땐 단순하고 간단한 과제보다는 복잡하고 협력이 필요한 과제가 기초학력 지원이 필요한 학생들에게 더욱 도움이 됩니다. 마음의 문을 열어 다시 학습할 수 있도록 동기를 불어넣기도 하며, 배운 내용을 자연스럽게 게임 상황속에서 복습할 수도 있습니다. 게다가 학습내용 뿐만 아니라 게임활동 속에서 존중, 배려, 리더십 등의 가치를 함양하는 기회가 되기도 합니다. 만약 이 책을 읽으시며 떠오르는 무기력한 학생이 있다면 라포라포 방탈출 게임을 통해 그 학생이 자유롭게 움직여 볼 수 있는 활동의 장을 제공해보는 것은 어떨까요?

진단보정시스템으로 온라인 진단하기

초등학교 4학년 학생들에게 3월 초 진단검사의 영어 듣기 평가는 대체로 처음 접해보는 생소한 경험입니다. 이미 낯설어하는 학생들을 긴장시키며 온라인으로 시험에 임하도록 하기보다는 검사지를 출력해 해당 교과 수업 시간을 한 시간씩 비워 천천히 오프라인으로 평가를 치뤘습니다. 한 과목당 평균 40~50분 가량 소요되곤 합니다.

▲ 진단보정시스템 학생화면

6월 쯤 시행하는 1차 학력 향상도 검사는 3월 초 진단검사와 똑같은 범위인 전년 1학기~2학기입니다. 그러므로 미도달인 학생만 부진 과목에 한해서 온라인 배포 후 교과 보충시간에 스마트 패드를 주고 교실에서 시행하였습니다. 온라인으로 검사를 보게 되면 학생 반응 입력을 할 필요가 없으며 자동 채점되어 도달, 미도달을 바로 보여주기 때문에 편의성이 높아집니다.

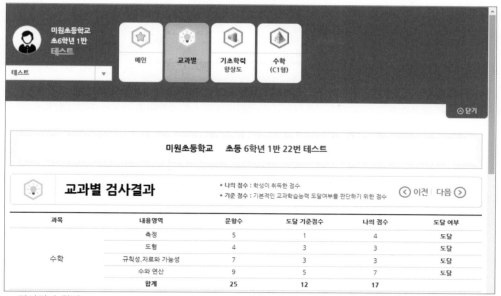

미원초등학교 초등 6학년 1반 22번 테스트					

교과별 검사결과

* 나의 점수 : 학생이 취득한 점수
* 기준 점수 : 기본적인 교과학습능력 도달여부를 판단하기 위한 점수

〈 이전 | 다음 〉

과목	내용영역	문항수	도달 기준점수	나의 점수	도달 여부
수학	측정	5	1	4	도달
	도형	4	3	3	도달
	규칙성,자료와 가능성	7	3	3	도달
	수와 연산	9	5	7	도달
	합계	25	12	17	

▲ 검사결과 화면

　9월에 임하는 2차 학력 향상도 검사는 전년도 2학기부터 올해 1학기까지가 검사의 범위로 변동이 되므로 우리 반 학생 전체가 검사를 보아야 합니다. 올해 1학기에 배웠던 최소 성취기준을 모두 통과해야만 하므로 담임교사가 꼭 확인을 해야 하는 부분입니다. 먼저 학생들에게 부여된 아이디와 비밀번호를 개별적으로 배부합니다. 이때 학생들의 비밀번호는 사이트에 접속하는 비밀번호와 똑같게 합니다. 그래야 분실의 우려가 적습니다. 그리고 학급에서 이용하는 LMS를 통한 알림장에 과제로 오늘 봐야 할 과목을 알려줍니다. 학부모님들껜 공식적인 검사이므로 학생이 혼자 해결해야 한다는 설명도 미리 드립니다. 5개 과목이므로 1주일에 걸쳐 검사를 합니다. 가정 과제로 시행하면 정규교과의 진도도 밀리지 않고 교사의 반응 값 입력에 대한 부담도 줄기 때문입니다.

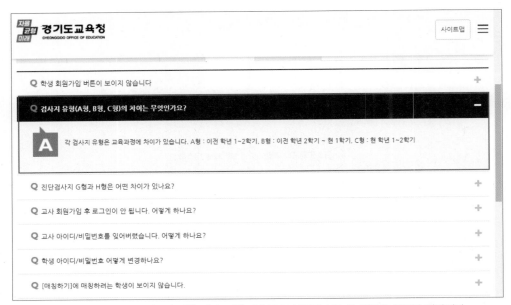

▲ A,B,C 유형별 차이를 묻는 질문에 대한 대답. 다음 유형으로 넘어갈수록 한 학기씩 진도가 달라진다.

마지막 12월에 시행되는 3차 학력향상도 검사도 우리 반 학생들은 모두 봅니다. 이유는 출제 범위가 올해 배운 1학기~2학기가 해당하기 때문입니다. 학급자율교육과정, 학급 프로젝트 및 창의적체험활동 연계 등 수업 구성은 각 반마다 조금씩 달라집니다. 그러나 각 반마다 다른 내용으로 진행된 수업일지라도 학년의 최소 성취기준은 달성하여야 합니다. 그래서 3차 향상도 검사를 치를 때에는 2차 향상도 검사처럼 일괄 온라인으로 배포 후 학교에서 정규 수업으로 시간을 잡아 패드로 시행합니다. 학생들이 공통으로 많이 오류를 범한 문항 등은 각 과목 별로 집계하여 교사의 교수법에 문제가 있었거나 학생들이 제대로 학습하지 못하고 놓친 부분으로 간주하여 다시 복습을 합니다.

과목	내용영역	문항수	도달 기준점수	나의 점수	도달 여부
국어	읽기	6	2	5	도달
	문법	3	2	3	도달
	듣기, 말하기	4	3	4	도달
	문학	6	4	5	도달
	쓰기	6	4	6	도달
	합계	25	15	23	
사회	일반사회	6	4	3	재도전
	역사	9	6	6	도달
	지리	10	6	7	도달
	합계	25	16	16	
수학	도형	4	2	1	재도전
	측정	4	3	3	도달
	규칙성,자료와 가능성	5	3	4	도달
	수와 연산	12	6	7	도달
	합계	25	14	15	
	운동과 에너지	6	4	5	도달

▲ 진단보정시스템 교과별 검사 결과 샘플

12월의 3차 학력 향상도 검사는 학생뿐만 아니라 담임교사도 긴장하게 만들곤 합니다. 올 한해 교육이 잘 이루어졌는지 판정하는 시험대에 오르는 기분이 듭니다. 그 결과는 때로는 안도의 한숨으로 돌아올 때도 있지만 속상해서 차마 다시 쳐다보기 어려운 상처가 되기도 합니다. 하지만 이 상처를 다시 살펴볼 용기만 있다면, 학습 결과를 바탕으로 한해동안의 수업 방식과 학력향상을 위한 학습관리 루틴을 반성할 수 있는 기회가 됩니다. 기초학력 지원이 필요한 학생들을 수업에 조금이라도 더 참여시키기 위한 보편적 학습설계가 이루어지고 있었는지, 학습 흥미도가 낮은 학생들을 위해서는 어떤 활동이 필요한지, 개인 과제가 효과적인지 모둠 과제가 효과적일지, 학습 분위기를 조성하는 데에 실패 지점은 없는지, 학생들이 수업내용을 이해하고 있는지 주기적으로 확인하였는지, 과제로서 창의적이고 비판적 사고력을 촉진 할 수 있는 매력적인 과제가 제시되었는지, 가정과 연계하여 학생이 학습에 집중할 수 있도록 환경을 조성해 볼 수는 없었는지 등을 고민해 보게 됩니다. 물론 교사의 책임으로만 돌릴 수는 없습니다. 다만, 이러한 고민을 통해 교사 역시 스스로 성장할 수 있는 시간이 됩니다. 충분한 고민을 거치고나면 어느새 상처에는 새살이 돋아나 있는 것을 느낄 수 있습니다.

배.이.스 캠프를 이용한 교과보충학습

개별맞춤형 학습은 교육과정 총론 등에 흔히 나오는 말처럼 그렇게 쉽지 않은 것이 교육 현장입니다. 그러므로 그 어려운 것을 웹 기반 에듀테크로써 구현해 낸 배.이.스 캠프의 공부방은 좀 더 특별하다 할 수 있겠습니다.

공부방에서 1:1 학습하기

공부방	내가 보낸 학습 주제	나에게 온 e-book	개인별 통계		자유게시판
1:1상담게시판	공지사항				

• 학습요소   • 개별랜덤요소   • 묶음요소

학생 이름	받은 학습 주제 개수	제출 완료	미제출	진과목 정답률	과제 상세보기
엄마	9	0	9	0%	🔍
블루 김현숙	3	0	3	0%	🔍
▓▓	9	9	0	100%	🔍
맘	9	3	6	100%	🔍
맘	9	0	9	0%	🔍
▓▓	9	0	9	0%	🔍
▓▓▓	9	3	6	100%	🔍
엄마	9	9	0	96.2%	🔍
▓▓	9	9	0	100%	🔍
▓▓	9	5	4	100%	🔍

▲ 공부방 개인별 통계

베이스캠프의 공부방은 LMS(Learning Management System)을 갖추고 있습니다. 교사는 학생들에게 개인별로 맞춤형 학습 주제를 보낼 수 있고 공지사항을 통해 공부방에서 알려야 할 내용을 공지할 수 있으며 1:1 상담 게시판을 통해 학습이나 과제에 관련된 상담을 진행할 수도 있습니다. 자유게시판은 공부방에 승인이 되어 들어

온 학생들과 보호자만 활동할 수 있기 때문에 오픈하여 두셔도 정보보안에 대해서 걱정하실 필요는 없습니다.

특히 개인별 통계 탭을 눌러보시면 승인된 사람 모두의 학습통계가 나타납니다. 교사가 배당한 학습 주제 개수와 제출 혹은 미제출된 학습 주제, 전 과목 정답률과 함께 과제 상세보기까지 제공되므로 교사는 이 화면에서 모든 학생들의 학습 정보를 얻을 수 있습니다.

개인별 통계 ▶ 학습요소 ▶ ▓▓▓ -과제 상세보기)

받은 과목	받은 학습 주제 개수	제출 완료 개수	정답률
국어	3	3	100%
사회	3	3	100%
역사	0	0	0%
수학	3	3	100%
과학	0	0	0%
영어	0	0	0%
종합	9	9	

학생 이름	받은 과목	받은 학습 주제 개수	받은 학습 주제	오답 문항	정답률	전체 정답률	과제 상세보기
▓▓	국어	3	국어사전 찾는 방법		100%	100%	🔍
			낱말 사이의 의미 관계		100%		🔍
			한글의 우수성과 중요성		100%		🔍
▓▓▓	사회	3	우리 지역의 공공 기관		100%	100%	🔍
			우리 지역의 문제		100%		🔍
			주민 참여		100%		🔍
▓▓	수학	3	평면도형 뒤집기		100%	100%	🔍
			평면도형 돌리기		100%		🔍
			평면도형 밀기		100%		🔍

▲ 공부방 개인별 통계 상세 내용

과제 상세보기 돋보기 버튼을 클릭하시면 위와 같이 개인별 과제 통계 상세 내용이 나오며 주어진 학습 주제가 교과 영역별로 보이고 정답률이 나타납니다. 정답률이 100%가 되지 않는 학생들은 그만큼 오답률이 있는 것이라고 보시면 되고, 과제 상세보기 돋보기 버튼을 누르시면 영역별 오답한 문항이 보이게 됩니다. 그 문항을 화면에 띄우시거나 줌에서는 공유화면으로 하셔서 오답 풀이를 학생과 함께 하시면 됩니다.

특히 학생들이 많이 오류를 보인 문항은 전체에게 한 번 더 오답 풀이를 해주시고 그에 해당하는 늘품이 보충자료를 통해 개념 파악과 연습 문항을 풀게 하시면 많은 도움이 됩니다.

학습 주제 배포하기

▲ 학습주제 보내기

앞서 설명 드린 바대로 진단보정시스템의 진단검사나 학력 향상도 평가에서 오답을 범한 문항에 주어지는 학습 주제를 보충자료 영역에서 확인하신 후, 배.이.스 캠프로 해당 학생을 체크하여 개별이나 소수 인원으로 보낼 수도 있고, 현재 학년의 교과 진도에서 단원이 끝난 후 단원 정리로 전체 학생을 체크하여 해당 학년 학기의 교과 단원의 주제를 보내실 수 있습니다. 보통 단원정리용으로 이용할 수 있으며 단원이 끝나면 LMS를 통해 알림장에 과제로 제시하여 풀게 한 후 온라인에서 제출과 미제출을 파악할 수 있습니다. 각 과목마다 이 방법을 사용해보면 학생별 교과 선호도를 구별하실 수 있고 문제를 푸는 속도까지 측정하여 알려주며 몇 번의 오답 끝에 정답을 도출하였는지도 알 수 있어서 지면상으로는 파악하기 어려운 정보까지 알 수 있다는 점이 큰 장점이라 하겠습니다.

공부방 첫 화면 아래쪽에 학습 주제 보내기, 학습 주제 섞어서 보내기, 학생생성 등의 탭이 보이는데 먼저 학생생성 탭을 설명드리자면 학생이 스마트 기기를 잘 다루지 못하고 아이디 등을 만들기 어려운 환경일 때 교사가 학생의 아이디와 비밀번호를 만들어 주는 기능입니다.

▲ 학습주제 보내기 상세화면

전체 선택을 하시거나 필요한 학생만 개별 체크하여 학습 주제 보내기를 누르면, ❶번은 교과별, 학년별 학습 주제를 걸러낼 수 있는 탭이며 ❷번은 교과명 앞에 네모박스를 체크하시면 ❸번에 나와 있는 문항 수 전체가 보내지고 학생마다 개인의 능력차를 고려하셔서 보내고자 하신다면 ❷번의 문항 수 앞 긴 네모박스에 문제의 개수를 직접 입력하시면 입력하신 문항 수만큼만 랜덤으로 보내집니다. ❹번은 학생에게 보내질 학습 주제의 학습요소가 됩니다. 이걸 보시고 보정자료의 학습 주제명과 같은 것을 고르시면 오답한 문항의 늘품이 보정자료가 보내지는 것입니다.

특히 학습 주제 섞어서 보내기는 교과목별, 영역별 학생에게 보내고자 하시는 학습 주제를 모두 체크 하신 후 학습자료명을 적고 보내는 방식입니다. 단점은 학생들이 문항을 풀다가 중간에 로그아웃하면 이전 학습한 이력이 삭제되어 학습 진행률이 0%가 됩니다. 이는 학생들이 허무함을 느껴 학습 의욕을 낮출 수 있으므로 될 수 있는 대로 학습 주제 섞어 보내기는 지양하는 것을 권장합니다.

▲ 개인별 학습주제 상세보기

풀기의 연필 모양을 누르면 문항이 개별로 보여집니다. 정답을 맞추면 정답이라고 뜨고 다음 문항으로 넘어갈 것인지 묻습니다. 오답이면 '오답입니다'라고 나타나며 밑에는 문제를 풀 수 있는 힌트가 보이게 됩니다. 2~3번의 오답을 거친 문항이라면 풀기에서 나와서 자료로 들어가면 되는데 초록색 책자 모양은 그 문항에 해당하는 늘품이 보정자료가 PDF파일로 다운로드할 수 있게 되며 빨간색 동영상 버튼은 현직교사가 이 문항에 대해 상세하게 설명하는 영상이 뜹니다. 영상이 없어서 빨간색 동영상 버튼이 보이지 않는 문항도 있으나 점차 업데이트 되어 영상이 탑재될 예정입니다.

▲ 학습주제 문항풀이 내용화면

빨간색 네모박스에 진행도/정답률이 뜨며 상세보기 돋보기 버튼을 누르면, ❶번은 학년/과목/학습요소를 나타내고, ❷번의 연필 모양을 누르면 문항 제목에 나타나는 문항을 온라인으로 풀게 되고, ❸번은 1차 시도에 정답을 맞히면 그대로 다음 문항, 재시도를 거듭할수록 몇 번 만에 정답이 도출되는지를 보여줍니다. 재시도가 많을수록 학생이 이 문항에서 곤란도가 컸다는 것을 의미합니다.

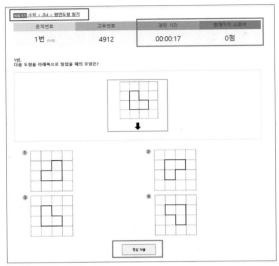

▲ 예시문항 살펴보기

　1번의 연필 모양을 눌러 실제 온라인 문항을 살펴보면, 평면도형의 밀기 문제가 출제되었으며 12문항 중에 1번 문항이라는 문항 번호와 고유번호, 문제 해결하는 데 걸린 시간, 그에 따른 스코어가 매겨집니다. 정답이라 생각하는 번호를 클릭한 후 '정답 제출' 버튼을 누르면 됩니다.

　선생님들께서 어떻게 활용하느냐에 따라 활용의 목적이나 방법이 달라질 수 있으며 얼마든지 변형하여 사용하실 수 있습니다. '일 년 동안 계획한 교육과정을 운영하시는 것도 힘든데 이런 보충까지 어떻게 운영할까?'라는 염려도 많으실 줄 압니다. 하지만 보충학습이 필요한 학생들에게 깊은 관심과 배려가 있는 지도로 실제 활용해보시면 효과가 좋다는 것을 느끼실 수 있으실 거라고 확신합니다. 배.이.스 캠프 공부방은 학부모가 함께 살펴볼 수 있으므로 가정과 협력하여 학생의 학습을 도와주는 도구로 매우 유용합니다.

　겨울방학 중, 3차 학력 향상도 평가 결과에 따른 오답 보정자료를 체크하셔서 개인별로 학습 주제 보내기를 하시면 내년 3월 진단검사를 대비하는 좋은 학습자료가 될 것이며 휴지기 없이 학습하는 학생들은 앞으로의 학력에 좋은 경험이 될 것입니다.

국가기초학력지원센터 수리력 진단도구를 활용한 기초수학지도

국가기초학력지원센터에서 개발된 수리력 진단도구를 활용한 수학지도에 대해 이야기하고자 합니다. 이 학습자료의 이름은 수리력 진단도구인데, 앞서 2장과 4장에서 간략하게 소개된 바와 같이 진단과 더불어 진단에 기반하여 학생의 수업까지 연계할 수 있는 자료를 제공합니다. 수학 교육과정의 수와 연산을 구체화, 세분화하여 그 단계를 설정하여 각각의 단계마다 적합한 진단 자료와 학습 자료, 확인 자료, 교사용 지도서를 제공합니다. 제공되는 학습 자료로 수에 대한 영상이 QR코드로 연결되는데, 수를 직관적으로 이해할 수 있도록 명시적으로 안내해줍니다. 주의집중에 어려움이 있거나 구체적 조작물을 이용한 수학지도가 필요한 학생의 부가적인 학습자료로 유용하게 사용할 수 있습니다. 4장에서 특수교육의 경계에 있는 학생을 위한 학습자료로 수리력 진단도구를 언급하였는데, 구체적인 사례는 아래와 같습니다.

돌다리도 두들겨 보고 건너자 (학습자 진단과 계획)

내가 가르치고 있는 학생이 정확하게 무엇을 알고, 무엇을 모르는지, 모른다면 해당 개념에 대해 어떻게 인지하고 있는지 중얼거리는 것도 수업의 중요한 단서가 될 수 있습니다. 또한, 어떤 학생은 특정한 맥락에서 인출을 잘하는 학생이 있습니다. 지도를 시작하기 전에 정확한 평가를 하기 위해 진단지와 교사용 지도서를 읽어보고 진단에 임했습니다. 이미 지도하고 있었던 학생이라 할지라도 어느 부분부터 가르칠지, 알고 있다고 하는 것을 확실하게 알고 있는 것은 맞는지, 학생의 지도 전체 차시 계획을 기획할 때에는 이러한 과정이 중요합니다. 현재학습수행수준을 정확하게 파악하기 위해 수리력 진단도구의 진단자료를 활용했습니다.

지도한 학생은 자연수의 곱셈과 나눗셈 파트를 했는데, 같은 2단 곱셈을 계산하더라도 그림이 제시된 문항은 정반응하고, 그림이 제시되지 않은 문항은 머리부터 부여잡는 행동을 보이거나 시간이 오래 걸렸습니다. 곱셈 연산 기호가 제시되면 곱셈임을 바로 알아챘지만 그렇지 않은 문항(예: 9는 3의 3배)에서는 좌절하는 모습을 보였습니다.

따라서 이 학생의 초기 학습수행수준은 2단 곱셈을 계산할 수 있으나, 곱셈의 원리를 이해하지 못하고 기계적으로 뛰어 세기를 하고 있다고 종합적인 판단을 내렸습니다.

아래 예시 그림은 수감각 진단문항의 일부입니다.

▲ 수리력 진단도구 수감각 진단문항

영상 자료 알차게 사용하기

수리력 진단도구에 수록된 영상 자료는 수를 '명시적'으로 학습하기에 유용했습니다. 대게 수감각 학습에서는 피아제의 발달이론에 근거하여 구체적 조작물을 활용합니다. 주의집중에 큰 어려움이 있는 학생은 구체적 조작물을 활용한 수업에서 산만함을 보이기도 합니다. 구체적 조작물로 제시된 물건이 무엇이냐? 얼마나 공통된 속성을 가지고 있는가? 한 번에 한 개씩 셀 수 있는가? 수를 셀 때, 시작하는 수와 끝나는 수의 이름을 말할 수 있는가? 책상 밑으로 잘 굴러떨어지는 물건은 아닌가? 수를 세다가 로봇을 만들고 싶게 생기지는 않았는가?… 때로는 구체적 조작물이 수업을 괴롭게 하기도 합니다.

▲ 수리력 진단도구 수감각 학습영상(1)

제공되는 영상 자료는 짧은 시간 안에 중요한 개념을 안내해줍니다. 크게 수 개념을 알려주는 영상이라고 할 수 있지만, 수를 셀 때 왼쪽에서 오른쪽으로, 하나씩 차례대로 세는 방법을 암묵적으로 가르쳐주기도 하고, 수를 센 후에는 하나의 묶음으로 묶는 테두리가 나타나 차례대로 수를 세는 것이 아니라 수와 수량을 연결하는 중요한 단서를 알려주기도 합니다. 진단과 연결하여 수와 관련된 중요한 요소들을 놓치지 않고 알려주기도 합니다.

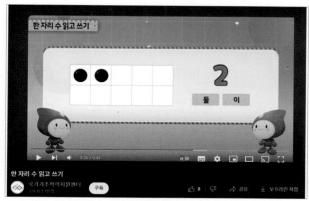

▲ 수리력 진단도구 수감각 학습영상(2)

이러한 영상 자료를 수업 도입부에 활용하거나 수업 중 시범 자료로 활용하거나 수업 정리자료로 활용하면 많은 도움이 됩니다. 이 자료를 활용했던 학생은 자연수의 곱셈과 관련된 영상을 시청했는데, 특수교육의 경계에 있는 학생이었기에 많은 반복 학습을 필요로 했습니다. 아쉽게도 이 자료는 하나의 단계를 반복 학습하기 위한 자료는 제공되지 않는데, 오히려 그 점이 도움이 되었습니다. 하나의 영상을 가지고 거의 2주를 활용했는데, 학생이 집중하는 포인트에 따라 혹은 학생의 진전도에 따라 영상을 다르게 보고 있었습니다. 예를 들어, 뛰어 세기에 집중하는 날이 있는가 하면 '몇 배'라는 단어에 집중하는 날이 있고, 이미 학습된 내용은 영상에 아직 제시되지 않은, 곧 나올 내용을 자신 있게 외치기도 했습니다.

첨부한 캡처 이미지는 수리력 진단도구의 '한 자리 수 읽고 쓰기'에 관련된 학습 영상 자료로 수를 다양한 구체물로 세는 영상입니다. 2장, 자료의 보물창고-국가학력지원센터에 제시된 사이트 혹은 Youtube '국가학력지원센터' 혹은 사이트를 통해 인쇄한 자료집에 제시된 QR코드를 통해 확인할 수 있습니다.

이런 점은 주의해요

수리력 진단도구는 학습이 부진한 학생에게 유용한 맞춤형 지도자료입니다. 그런데, 많은 반복학습을 필요로 하는 학생에게는 교사의 세심한 배려가 필요합니다. 수업 전에 교사용 지도서를 읽어보는 것을 추천합니다. 교사용 지도서에는 제시된 영상의 의도나 흐름, 평가지의 의도 등을 확인할 수 있게 쉽게 설명해두었습니다. 단계마다 제시된 영상 자료와 진단, 확인 문제자료가 단일 자료이기에 반복학습이 필요한 학생에게는 추가로 학습할 기회가 필요할 수 있습니다. 따라서 교사용 지도서에 제시된 교육 의도와 방법을 파악하고 학생에게 맞게 반복해주어야 합니다.

진단, 확인 문제가 단일자료라서 발생하는 어려움은 하나 더 있습니다. 학생이 문제 자체를 외워버릴 수 있다는 점입니다. 따라서, 진단, 확인 문제를 지속적으로 활용하기 보다는 제시된 문항에서 무엇을 평가하는지 평가 요소를 확인한 뒤, 구두 평가로 바꾸거나 수행하는 모습을 관찰하여 평가하는 방법을 부수적으로 활용하면 도움이 됩니다.

또, 이 자료를 활용한 사례에서는 특수교육의 경계에 있는 학생의 학부모 상담에서 수리력 진단도구를 활용하는데 다소 어려움이 있었습니다. 수리력 진단도구는 '수와 연산'이라는 큰 개념을 중심으로 단계를 세분화 되어있는 자료지만, 특수교육의 경계에 있는 학생에게 적용하기에는 그마저도 더 세분화해야한다는 어려움이 있었습니다. 하나 또는 두 개의 단계(수리력 진단도구에서 제시한 성취기준)를 몇 달간 학습해야 했기에 학생의 현재 위치를 상담하는 데 있어서 제시된 단계를 교사가 직접 조금 더 세분화, 개별화하는 수고로움이 필요했습니다.

성장 확인하기

학생의 성장을 확인하는 것은 정말 기쁜 일입니다. 더디게 성장하는 학생의 변화 지점은 드라마틱하게 향상된 점수보다 일상적인 모습에서 큰 변화를 발견할 수 있습니다. 수업 중이거나 쉬는 시간, 혹은 가정에서 그 변화를 실감하게 됩니다.

학습 요소와 관련된 성장 모습은 첫째, 곱셈의 원리를 이해하고 곱셈을 다양하게 표현할 수 있게 되었습니다. 예를 들어 곱셈 하나의 개념을 배웠지만 곱셈 기호를 활용하고, 숫자 뛰어 세기를 하거나 몇 배의 개념을 알게 되었습니다. 더불어 이 표현들이 모두 곱셈을 표현하는 다양한 말임을 이해하게 되었습니다. 둘째, 곱셈을 표현하는 다양한 말을 학습함으로써 구두로 응답하는 말의 길이가 길어졌습니다(4장 참고). 셋째, 곱셈을 빠르게 해결하기 위해(혹은 자동적인 계산을 위해) 곱셈구구가 유용함을 이해하고 2단 곱셈구구를 외워 간단한 셈에서는 곱셈구구를 활용하게 되었습니다.

학습 요소와 관련된 부가적인 성장도 있었는데, 부가적인 성장은 집에 구구단 벽지 붙여달라고 요청하기, 학교와 집에서 구구단 벽지 구경하기, 구구단 리듬 흥얼거리기, 다양한 연산 기호에 관심 갖기였습니다. 곱셈을 처음 학습할 때는 감히 즐겁게 곱셈을 배운다는 것이 상상하기가 어려웠는데, 학생은 즐기고 있었습니다.

학생의 성장을 도우면서, 교사도 많은 성장을 했다고 느낍니다. 수업 이외의 시간에 학생을 지도하기 위해 교사용 지도서를 보거나 수업을 미리 준비하는 과정도 상당한 에너지가 들어간 것은 사실입니다. 그런데, 덕분에 학생도 교사도 함께 성장할 수 있는 계기가 되었습니다. 앞으로도 특수교육의 경계에 있는 학생은 어디에나 있을 것이고, 사각지대에 있을 그 때에 손 내밀 수 있는 용기가 한 자 더 생겼기 때문입니다.